Rick DuFer & WAD

Nessuno parla a nessuno

Dialoghi contro il vuoto
di un filosofo e un Dj radiofonico

CAIRO

ISBN 978-88-309-0437-8
Prima edizione: gennaio 2025

Sommario

NESSUNO PARLA A NESSUNO

Introduzione
Sul dialogo come strumento, sul dialogo come confronto

dïàlogo s.m. [dal lat. *dialŏgus*, gr. διάλογος, der. di διαλέγομαι «conversare, discorrere»] (pl. -ghi). – Discorso, colloquio fra due o più persone. Per estensione, nel linguaggio politico e giornalistico, discussione più o meno concorde o che miri a un'intesa; in senso più ampio, discussione aperta, di persone disposte a ragionare con spirito democratico, confronto verbale per esprimere sentimenti diversi e discutere idee non necessariamente contrapposte.[1]

[1] La definizione è tratta dal vocabolario Treccani online (treccani.it/vocabolario/dialogo/).

La vita è, per natura, dialogica. Fin dalla nostra infanzia, ancor prima di cominciare effettivamente a parlare, siamo immersi in un dialogo costante, quello che coinvolge le persone intorno a noi, i nostri genitori, fratelli, la nostra famiglia. E al dialogo, lentamente e faticosamente, inizieremo a partecipare noi stessi una volta appresi i rudimenti della parola; da questo trarremo la quasi totalità delle informazioni necessarie per crescere e diventare degli adulti più o meno consapevoli.

Se la parola è ciò che distingue noi esseri umani dagli animali, la nostra vita è per forza caratterizzata dalla partecipazione a un dialogo. Vivere significa infatti dialogare: interrogare, ascoltare, rispondere, consentire, negare. Ma non per questo l'arte e la capacità del dialogo sono da considerare di facile esecuzione, aspetti quasi innati per i quali dovremmo avere una naturale predisposizione. Come qualsiasi disciplina, l'arte del dialogo va esercitata e migliorata costantemente, insieme agli altri, scontrandoci con idee e pensieri che non sono i nostri e che non ci rispecchiano in nessun modo.

Vi sono ambienti che cullano e curano il dialogo, rendendolo possibile e incentivandolo, e al tempo stesso ci sono ambienti che lo scoraggiano e forzano a un ascolto passivo. Esattamente come ci sono persone con le quali saremo predisposti al dialogo e al confronto, e altre con cui avremo l'impressione di fronteggiare un muro senza appigli. Nel contesto sociale e culturale attuale, l'arte del dialogo ha perso parte della sua forza e della sua ricchezza. E no, non è solo colpa dei social, meta-luoghi in cui imperversa, sì, il monologo, ma nei quali persone attente possono e sono in grado di creare dialoghi e confronti. È pure colpa del nostro atteggiamento passivo, del nostro crearci intorno casse di risonanza dove idee contrarie alle nostre non possono entrare, è colpa della nostra paura di esprimerci, di opporci a chi abbiamo di fronte, così come della nostra contraddittoria voglia di prevaricazione, di avere ragione, di dimostrare all'altro che sta sbagliando. E, diciamolo, della nostra voglia di non fare fatica.

Dialogare è faticoso. Confrontarsi, rimettersi in discussione è faticoso, ascoltare richiede impegno ed energie e per molti di noi questo tipo di impegno è diventato pesante, eccessivo, non necessario. Detto altrimenti, non solo non siamo più in grado di dialogare con gli altri, non siamo neanche più in grado di ascoltare.

Per ovviare a questo problema, sarebbe necessaria una pratica continua tanto del dialogo quanto dell'ascolto, di esercizi che ci permettano di cogliere di nuovo l'immensa ricchezza del parlare con qualcuno non solo per condividere la nostra opinione, ma anche per migliorarla e per ascoltare effettivamente ciò che la persona di fronte a noi ha da dire. Ed è proprio un esercizio di questo tipo che contengono le pagine che seguono: una serie di dialoghi che sono stati estratti da una corrispondenza che i due autori hanno portato avanti con attenzione e impegno.

Senza paura di esprimersi ma soprattutto senza paura di ascoltare e accogliere l'espressione dell'altro, WAD e Rick DuFer hanno sviluppato un lungo dialogo sui temi che più stanno loro a cuore. Due autori molto diversi tra loro, uniti tuttavia dalla critica alla tiepidità del linguaggio, della società attuale e delle opinioni.

Dal «vuotismo selettivo» alla nostalgia, dalla vergogna all'anestesia, da filosofi che ballano a confronti con la propria ombra, i due autori affrontano questioni di attualità che ci riguardano tutti. Possiamo leggere nelle pagine che seguono delle idee di due persone che si occupano e si prendono cura del linguaggio in due modi molto diversi, ma che rimangono costantemente immerse nella contemporaneità e nelle sue criticità, ed è qui che emerge la ricchezza di questo confronto. Due professionisti della lingua, se vogliamo: WAD vi è immerso in un modo immediato – quello della radio –, e ne percepisce tutte le sfumature quotidiane più pop che corrispondono alla realtà e alla spontaneità del mezzo stesso; Rick DuFer è penetrato invece in un linguaggio più preciso, del quale lo preoccupa la debolezza.

Così questi due autori, attraverso il potente mezzo del dialogo e senza obiettivi precisi, provano a delineare una mappa, una serie di linee guida per muoversi all'interno della matassa di opinioni, informazioni, parole vuote che affrontiamo ogni giorno da individui pensanti. E cercano di farlo senza delicatezza, invitandoci a prendere lo spazio che le nostre opinioni necessitano, a tornare attivi, a rispondere, interrogare, esprimere. In poche parole, a dialogare.

Dialogo 1
Trenditalia. Sul vuotismo selettivo

RICK DUFER

Caro WAD,

dopo la nostra chiacchierata in radio, amico mio, tante questioni mi sono passate per la testa. E di molte mi piacerebbe discutere ancora con te, sentire la tua opinione e magari cambiare la mia. Ho bisogno di un dialogo, di un confronto, e ci tengo ad averlo con qualcuno che so avrà cose diverse da dire rispetto a me.

Ti confesso, sono molto preoccupato. Ultimamente percepisco e osservo come un'incapacità collettiva di espressione. Guardandomi intorno mi rendo conto di quanto le persone siano sempre meno in grado di esprimere la propria opinione. Nel comune condividere, parlare e discutere vi è una mancanza di trasparenza e di serenità, forse per paura delle conseguenze che potrebbero derivare dalla verità. O forse, più probabilmente, perché le persone sono convinte che uniformarsi a quello che tutti pensano sia più conveniente e meno scomodo. Vi sono così una continua conformazione all'opinione dominante e la paura di dire qualcosa che gli altri non si aspettano che tu dica. Anche se capisco il fatto che il conformismo sia insito nell'animo umano, come forma di emulazione, ricordiamoci che Freud l'ha magistralmente legato alla «miseria psicologica della massa»,[2] che incombe quando il legame sociale è stabilito attraverso un'identificazione reciproca tra i vari membri.

In realtà, ciò che mi preoccupa di più di questa tendenza è il fatto che sia portata avanti in primo luogo dagli artisti. Da coloro, cioè,

[2] S. Freud, *Il disagio della civiltà e altri saggi, Edizione integrale di riferimento*, Bollati Boringhieri, Torino 2012.

che dovrebbero esprimersi in modo scomodo, innovativo, sorprendente, e che da sempre si sono battuti e impegnati per una libertà di espressione che fosse davvero tale. Proprio per questo ritengo che l'artista dovrebbe essere la persona che più esprime quello che pensa senza porsi il problema del consenso suscitato: anzi, che va a cercare lo scandalo, il fastidio, la scossa. Quanti artisti, nella storia, hanno dovuto censurare o hanno visto censurate le proprie opere? Come diceva Capote, «il buon gusto è la morte dell'arte». Uniformarsi al pensiero e alla morale corrente non l'aiuterà nel suo primo scopo, ovvero disturbare il mondo.

Ma oggi, specialmente in Italia, penso che si stia assistendo al fenomeno contrario. L'artista è un individuo che mette il proprio talento al servizio del trend, che insegue il gusto del pubblico, che non disturba mai la dittatoriale quiete delle folle, e non contesta minimamente ciò che le persone, i media e le etichette si aspettano dal suo lavoro.

L'artista è diventato un modello di individuo che segue le mode, ed è questo che mi preoccupa. Avviene nella musica, nel cinema, nella letteratura. Non esiste, mi sembra, un campo esente da questa problematica.

Ho sempre guardato al mondo dell'arte come a un universo in grado di sorprendermi, di farmi percepire quanto ci sia da scoprire, rivedere e mutare nelle mie opinioni e nel mio modo di vedere il mondo. Non vi ritrovo più nulla di tutto ciò. Che ne pensi?

*

WAD

Amico mio,

l'argomento del trend e quello del conformismo non sono temi facili. Ogni volta che li affronto, li vivo quasi come una sorta di tormento annunciato, da interpretarsi nel senso di tortura inevitabile. Li vivo con quella stessa consapevolezza che hai quando sali su un treno in Italia e dai per scontato che subirà un ritardo. Ed è proprio da un treno che ti rispondo.

Ieri ho partecipato a un evento in una città e stasera arriverò, in ritardo, in un'altra città, per un altro dj set. Prendo raramente i treni, ma quelle poche volte che succede sono puntualmente in ritardo. In compenso, ed è più un suggerimento, ti consiglio di provare – se non l'hai mai fatto – la tratta Ancona-Termoli, parte della famosa Ferrovia Adriatica. Il binario è stato praticamente costruito sul mare. Dal finestrino vedi solo acqua, per tantissimi chilometri. Sembra una sequenza di cartoline che si susseguono. Il treno è dentro al mare: forse è un'immágine più adatta a qualche tragedia che a una tratta ferroviaria, ma il viaggio è decisamente affascinante. Vorrei complimentarmi con coloro che, nel 1800, ebbero questa idea. Ecco, loro sicuramente non inseguivano un trend; anzi, in alcuni tratti la ferrovia è fin troppo a ridosso della costa e ciò nel tempo ha causato interruzioni della linea per forti mareggiate. Oltre che un'utilità urbanistica, ci trovo molta poesia in questa scelta architettonica.

Forse è proprio la poesia che manca ai professionisti della comunicazione di oggi. Penso che non ci si sorprenda quasi più con l'arte perché c'è troppo pensiero, troppa razionalità, troppo autocontrollo, troppa industria. Detto in altro modo, poca spontaneità. C'è un filtro collettivo che soffoca e aggiusta, ritaglia e rilega, sistema su misura le opinioni degli artisti come vestiti sartoriali. Se quest'industria del trend avesse un nome, penso sarebbe Trenditalia. *E i suoi adepti tutti tiepidi, stereotipati, con poche eccezioni.*

Se essere sovversivi è stata per molto tempo, come hai detto anche tu, la caratteristica principale degli artisti, ritengo invece che ora siamo tutti intrappolati in un disturbo collettivo, anche noi non-artisti. Questo disturbo è caratterizzato da due correnti quasi contraddittorie. Da un lato c'è l'ansia che si percepisce nel momento in cui bisogna esprimere con sincerità la propria opinione; dall'altro c'è l'assenza di un vero e proprio linguaggio comune che vada oltre lo stereotipo, il disco rotto, lo small talk. *Quindi, se da una parte non si vuole, per paura, esprimere ciò che si pensa davvero, dall'altra l'espressione è anche scoraggiata dall'assenza di una forma di linguaggio più completo e, se vogliamo, più inclusivo. Fammi giocare un po' a fare il filosofo e, anzi, aiutami a dare un nome e una forma a questo disturbo, che potremmo definire «vuotismo selettivo».*

Il vuotismo selettivo a cui penso si fonda su un duplice vuoto: quello che abbiamo attorno e quello che ci portiamo dentro, del quale il primo è molto spesso solo un riflesso. Ed è selettivo perché si fonda su una selezione problematica e costante: a furia di omologarci, di mitigare la nostra opinione, il nostro pensiero e le nostre parole, questi si appiattiscono dentro di noi, perdono la loro sostanza e la loro forza. Non hanno più l'energia spontanea necessaria per distinguersi e opporsi alla posizione comune e condivisa che troviamo fuori. La selezione che operiamo ogni giorno su quello che pensiamo e che diciamo ci mutila, in un certo senso, ed è anche causa del vuoto collettivo che ci troviamo attorno, nel quale i nostri pensieri mutilati si trovano purtroppo a loro agio. Vuoto nel quale, invece, le opinioni e le idee più spontanee si trovano fuori posto, atterrando in uno spazio infertile e senza gravità, che non reagisce più a nessuna scossa. Ma al massimo addita questi modi di vedere come momenti di deragliamento della personalità dell'individuo, passeggeri e da rettificare il prima possibile cosicché non si ripetano più. Se questo mondo-fuori ci spaventa e ci terrorizza è forse anche perché viviamo in un'epoca che sta rischiando di fare la fine del cavallo quando l'uomo inventò il treno. È su un baratro, sa di vecchio e la percepiamo come prossima a essere archiviata per direttissima senza processo. E forse non ci appartiene neanche per davvero, in profondità non è veramente nostra, ma ci siamo legati perché è l'unica realtà che abbiamo conosciuto per ora e, per quanto vuota, ci spaventa lasciarla andare. Ricostruire, dopotutto, è sempre la parte più difficile di ogni processo di rinnovamento.

*

RICK DUFER

WAD, il «vuotismo selettivo» mi pare un ottimo spunto. Mi ricorda un po' lo zombie di cui parlo nei miei libri e nei video. Dopotutto lo zombie è la creatura vuota per eccellenza. Schiavo indolente, in uno stato simile alla morte, senza autocoscienza, teleguidato ed eterodiretto. Totalmente inconsapevole delle forze che gli fanno compiere i suoi sforzi e che lo mandano avanti. Lo zombie vive in modo automatico, senza mettere in discussione quello che fa, dice, pensa e vive. Il tutto nella totale assenza di consapevolezza del proprio stato, perché se ne fosse consapevole sarebbe se non altro un po' meno vuoto.

Rendersi conto del proprio status di zombie è il primo vero passo per guarire. Personalmente sono ossessionato dalle forze che mandano avanti lo zombie: quali sono? Di che materiali sono fatte? Sono forze buone o forze cattive, ammesso che una tale distinzione abbia fondamento in questo caso? Abbiamo l'indirizzo per restituirle al mittente, chiunque esso sia?

Se posso azzardare un'ipotesi come hai fatto tu, mi troverai d'accordo su ciò che nutre lo «zombismo» e il vuotismo: il terrore di sbagliare. Siamo così impauriti dalla possibilità di perdere quel poco che abbiamo, il nostro status, e di essere isolati dai nostri pari, che preferiamo confonderci tra la folla per non rischiare. Non prendiamo in considerazione nemmeno per un momento l'eventualità di non rispettare ciò che tutti si aspettano che diciamo, facciamo e pensiamo. O almeno, quello che riteniamo tutti si aspettino. Nella nostra paura di dire la cosa sbagliata, di mostrarci come siamo veramente e non come gli altri vogliono che siamo, preferiamo un frenetico immobilismo a qualsiasi movimento spontaneo. Così, corriamo come pazzi ma siamo sempre fermi allo stesso punto, tipo Alice nel Paese delle Meraviglie. Come diceva la Regina Rossa: «(...) qui, invece, devi correre più che puoi per restare nello stesso posto. Se vuoi andare da qualche altra parte devi correre almeno il doppio». Ecco, noi siamo fermi al primo punto, in una corsa forsennata per dimostrare che siamo avanti, che capiamo il mondo, senza per questo muoverci realmente verso qualcosa di concreto.

Lo vedo anche nell'arte e nella musica. Ormai nessuno mette in discussione le aspettative del pubblico e tutti si adattano a ciò che il gusto – o, piuttosto, la sua mancanza – detta. Ma lo vedo anche nella filosofia e nella letteratura. L'accademia si è profondamente arroccata nelle sue torri d'avorio concettuali. Le loro comode mura sono più simili a quelle di un bunker antiatomico che a quelle di luoghi in cui si discute il pensiero, si mettono in crisi sistemi, scienze e idee. La comunicazione con l'esterno è ridotta all'osso, è facile essere buttati fuori se si dice la cosa sbagliata ed è molto difficile essere ammessi se non ci si conforma profondamente agli schemi esistenti. E sai perché? I filosofi sono ormai terrorizzati di scoprire, uscendo da quella stanzetta efebica, che il loro lungo lavoro di glossatori è stato completamente inutile. Che le migliaia di pagine di commento a Platone, Aristotele e Spinoza non valgono granché nel mondo che c'è là fuori. La maggior parte di loro, fortunatamente non tutti, ma la maggior parte, ha paura di confrontarsi con la gente, con il web, con la realtà. Temono di scoprire che il mondo li ha lasciati indietro. Ma non vorrei si siano dimenticati che la filosofia è già in ritardo, e lo sarà sempre. Mi limito a suggerire un tema hegeliano, senza strafare: per Hegel, la filosofia è capace di comprendere il mondo, concettualmente, solo quando quel mondo è ormai invecchiato. La filosofia arriva, ovvero, solo quando la realtà storica è ormai costituita. Non può essere, non può fungere da guida. E per coloro che si sono eretti a interpreti del mondo è un duro colpo.

Per questo sono contento di avere un simile dialogo con te. Spero di scoprire un sacco di cose per le quali, causa la mia vocazione filosofica, il mondo può avermi lasciato indietro. Non voglio fare la fine dei miei zombie.

Perdonami, *Trenditalia* non so se riesco a digerirlo. Forse perché domattina dovrò prendere un Frecciarossa anche io, maledizione!

*

WAD

La parola «zombie» mi fa pensare a due canzoni. Una è techno e l'altra è hardcore rap. Una è tedesca, iconica, tanto quanto il nome di chi l'ha prodotta: ovvero Zombie Nation. Il titolo della canzone è Kernkraft 400. *Segue il testo per intero, non una parte ma tutto.*

Zombie
Zombie
Zombie
Zombie nation

Zombie
Zombie
Zombie
Zombie nation
Zombie
Zombie
Zombie
Zombie nation
Zombie
Zombie
Zombie
Zombie nation
Zombie
Zombie
Zombie
Zombie nation
Zombie
Zombie
Zombie
Zombie
Zombie
Zombie
Zombie
Zombie
Zombie
Zombie

Zombie
Zombie
Zombie
Zombie
Zombie
Nation

Il successo di questa canzone si spiega al minuto 2.19, quando parte un giro di note talmente magico e iconico da fare la storia della musica dance. Sono quasi cinque minuti di un pezzo che se uscisse oggi, te lo garantisco, sarebbe un flop immenso. Cento per cento. Gli standard sono totalmente cambiati. Anche la composizione musicale riflette l'epoca in cui viviamo, quel mondo in bilico, ormai invecchiato, come hai suggerito tu, tanto da poterci permettere di darne un'interpretazione filosofica. Se nel 1999 poteva avere successo una hit così lunga, con un testo praticamente inesistente, era anche perché l'ascoltatore aveva la pazienza di aspettare due minuti interi prima del drop. Ora, il drop o la magia, sempre ammesso che ci siano, deve avvenire nei primi secondi della canzone, e la durata media di entrambi è scesa al limite del ridicolo. Parliamo di due minuti, più qualche miagolio se siamo particolarmente fortunati.

Non voglio cadere nella retorica del «era meglio prima», credimi. Con Kernkraft 400 *volevo aprire ancora di più la questione che abbiamo messo sul tavolo: è più vuota quest'epoca, o lo era di più la precedente? O lo sarà di più la prossima? Oppure è più semplice per noi visualizzare, sentire questo vuoto che sta piano piano aumentando mentre il mondo invecchia?*

Mi chiedo se il nostro vuotismo selettivo possa essere uno strumento efficace per osservare il mondo che ci circonda. Non so come nasca una corrente filosofica, né chi lo decida e chi decida se sia una cosa positiva o negativa. Magari scopriamo che il vuotismo selettivo nasconde un super potere, se qualcuno sa già come si usa.

La seconda canzone a cui ho pensato leggendo la parola «zombie» è Verano zombie *di Noyz Narcos e un po' di TruceKlan. Un altro mondo, un altro anno. Ci spostiamo a Roma, nei primi anni 2000. In questa traccia esordisce l'espressione «in the panchine», che poi diventerà il titolo di un album con all'interno* Deadly Combination. *Quest'ultima è una canzone che ho compreso quanto fosse entrata nel* DNA *dei romani soprattutto, ma non solo, una sera in diretta radio. Ho chiesto ai Måneskin di cantarla e ho scoperto che la conoscevano felicemente a memoria. Hanno urlato con grande enfasi l'incipit, che scrivo di seguito:*

Check-it esclusivo
Uno sparo nel culo di chi parla di quello che scrivo
Gundeleros we do the patto di sangue
With my Man Gemello we still smoking piante
Get borbuka sell out from commercio
Show you talento play like suono marcio
Benetti, Noyz, Carter, Jack Kimo, Chico
Gemello Benassa de classa amico
Truce Clan con l'esercito affiliato
Colpo di stato fiamme nel commissariato
In the panchine baby, say what?

Vi trovo, e correggimi se non è così per te, un vuotismo molto selettivo. Accorgimenti stilistici definibili solo come esagerati che sfidano la grammatica tanto italiana quanto americana, e uno slang strettissimo. Ma c'è qualcosa di più che spiega il successo di questo pezzo, ed è l'energia che, nonostante il vuotismo, rimane e permane. È come aggrappata con le unghie e con i denti alle parole, si trasmette attraverso la musica, che per fortuna riesce ancora a fare il suo lavoro. Sembra una luce in fondo a un tunnel. Un barlume di speranza, un faro nella notte vuota.

Forse è proprio l'energia la nostra via d'uscita, ciò che può tirarci fuori da tutto quello che fortifica e giustifica il vuotismo selettivo. Non tanto chi siamo e come lo raccontiamo, che abbiamo visto essere una grande impalcatura, una grande maschera di finzione, né la paura che abbiamo e le frustrazioni con cui dobbiamo fare i conti, ma piuttosto l'energia, la vibe, *possiamo dire, che rimane dopo ogni cosa che facciamo. Che poi è quanto dice chiaramente Kendrick Lamar:* «Bitch, don't kill my vibe, bitch, don't kill my vibe / I can feel your energy from two planets away».

*

RICK DUFER

Con queste citazioni rischi di far battere troppo forte il cuore di un non più tanto giovane filosofo che è cresciuto a pane, musica e rime azzardate.

TruceKlan è stato una parte importante della formazione del mio gusto musicale, ovviamente in età adolescenziale. Ricordo nitida la scena romana, insieme ai Colle der Fomento, i featuring con Kaos, i primi passi dei Club Dogo. Tempi incredibili per la musica underground italiana. Lì c'era voglia di sperimentare, di stridere, di dimostrare il proprio menefreghismo rispetto alle aspettative del pubblico. Gli artisti erano ancora convinti di essere alla ricerca del trend e non all'inseguimento di mode consolidate e cristallizzate, impacchettate perfettamente per essere condivise da tutti prima ancora di prendere piede. Ho avuto la fortuna di avere Bassi Maestro in studio, dove registro il mio podcast, una volta. Proprio lui che tanti di questi artisti, oltre ad aver lavorato con loro, li ha pure lanciati. Ci siamo immersi nei ricordi e abbiamo sentito un po' di quella nostalgia canaglia che rischia di svuotarti tanto quanto i trend che oggi vengono inseguiti. Non fraintendermi, la nostalgia è un sentimento nobile, ma non bisogna per questo immergervisi eccessivamente. Si rischia di affogare nella voglia di passato, letteralmente nel «dolore del ritorno»,[3] ancorandocisi con le unghie per non lasciarlo andare, passando accanto a tutto quello che può esserci di buono nell'innovazione.

Anche *Kernkraft 400* è un testo semplicemente iconico. Se penso a tutti gli artisti che ha ispirato, da Apparat-Moderat, passando per Vitalic e Crystal Castles, mi accorgo che

[3] Nostalgia è un termine composto dalle parole greche νόστος, «ritorno», e ἄλγος, «dolore»; letteralmente, quindi, si tratta del «dolore del ritorno».

l'arte, quando è fatta bene da altri, quando non è guidata da mere logiche di mercato, apre così tanti sentieri da rendere possibili infiniti mondi futuri.

Ho come l'impressione che per creare arte vera e propria l'artista debba avere fiducia nelle generazioni future: egli sa che probabilmente la sua arte sarà inat tuale per i gusti del pubblico del futuro, ma ha fiducia nel fatto che qualcuno domani prenderà la sua eredità e da essa produrrà opere che cambieranno il mondo. Questo avviene ovunque, nella letteratura, nella musica, nelle arti pittoriche e illustrative.

Il filosofo francese Gilles Deleuze diceva: «d».[4] Con ciò intendeva che l'arte non può rispondere solamente ai criteri estetici del proprio tempo poiché parla, letteralmente, un linguaggio che preparerà il gusto di domani. Questo è anche il motivo per cui l'artista spesso risulta indigesto e scomodo alla critica del

[4] Da *Abécédaire* di Gilles Deleuze (1995), programma televisivo prodotto da Pierre-André Boutang e composto da otto ore di interviste tra Gilles Deleuze e Claire Parnet.

suo tempo, perché tende a violare le aspettative, i canoni estetici, le strutture linguistiche a cui un'epoca è abituata, e perciò esso è anche spesso rifiutato, criticato, e si tenta di cancellarlo e censurarlo dal presente. Ci vuole coraggio per essere artisti rispetto ai propri contemporanei.

Mi viene in mente Evgenij Zamjatin, autore del romanzo distopico *Noi*,[5] in cui parlava di un mondo dittatoriale dove il controllo delle menti era al centro della vita dei cittadini. Nessuno si ricorda di lui, ma tutti ricordano George Orwell con *1984*, oppure Huxley con *Il mondo nuovo*, nonostante il romanzo di Zamjatin sia stato pubblicato molti anni prima rispetto a entrambi. Mi pare chiaro che *Noi* non parlasse ai contemporanei dell'autore, ma piuttosto a lettori futuri, e che abbia avuto come ruolo quello di preparare il terreno per i romanzi che successivamente avrebbero affrontato temi simili e che avrebbero

[5] E. Zamjatin, *Noi*, a cura di Alessandro Niero, Mondadori, Milano 2018.

incontrato il consenso del pubblico. Oltre ai già citati Orwell e Huxley, intendo anche tanti altri dopo, come Stephen King, José Saramago e Margaret Atwood, solo per citarne alcuni. Tutti hanno ereditato e hanno beneficiato dello sforzo di Zamjatin e hanno reso così giustizia all'incomprensione che l'aveva accolto.

Nell'arte accadono spesso cose del genere. Ora, per tirare le somme, possiamo dire che la «zombificazione» avviene quando l'artista stesso si arrende, non ha più fiducia in questi popoli futuri che potrebbero accogliere il suo linguaggio e quindi produce un'arte che corrisponde solo alle aspettative del proprio tempo, del pubblico contemporaneo, neutralizzando e rendendo asettica la capacità di produrre del mondo di domani.

Trovo che il vuotismo selettivo di oggi nasca soprattutto dalla mancanza di coraggio dell'artista, dalla sua sfiducia nel futuro e nell'individuo che verrà. Ma non solo: forse c'è anche sfiducia nella propria capacità di cambiare il mondo, il gusto e l'estetica, perché ha di fronte forze troppo soverchianti per la singola spontaneità di un individuo. In fin dei conti, come si fa a produrre vera arte, quella che cambia le prospettive, che ispira, che produce mondi, se si ha sfiducia nel futuro?

E tu, hai sfiducia nel futuro?

Dialogo 2
Nostalgia, futuro, apocalittismo e Kanye West

WAD

Mi sono sempre considerato una persona del futuro.

O almeno, ho fin da subito cercato di costruirmi come tale. Anni fa, quand'ero un coglione qualsiasi e vivevo ancora nel mio paesino pugliese, ero immerso in una realtà che tutti quelli che hanno vissuto in provincia conoscono bene. È quella di cui, se ci sei cresciuto, puoi ancora sentire i sapori sulla lingua e i profumi nel naso; ci sono i pavimenti di piastrelle marmorizzate, i cani di porcellana sulle mensole, i bicchieri di finto cristallo dietro le vetrinette, le tapparelle sempre mezze abbassate, il crocifisso appeso in cucina. E tutti gli adulti sono immersi nella nostalgia, sospirano guardando il telegiornale delle 13.30, dicendo «era meglio prima». Hanno le spalle curve e non hanno futuro in cui proiettarsi, perché sono diffidenti, non credono nel progresso e, quel che è peggio, nemmeno gli interessa davvero. È così facile essere scettici nei confronti del futuro: è comodo e non devi argomentare più di tanto. Lì mi sono promesso che mi sarei allontanato il più possibile da quella nostalgia e dalle persone nostalgiche. Ho giocato e ancora lo faccio, nonostante l'età che fa il suo corso, a essere una persona del futuro.

Ciò che verrà non mi fa paura, e non ho particolare sfiducia nei suoi confronti. Anzi, ritengo che allontanarci spaventati dal futuro, immergendoci nella nostalgia, sia controproducente. Poco tempo fa ho letto su un libro una frase di John Berger: «Il postmodernismo ha isolato il presente da ogni futuro. I mezzi di informazione ci mettono del loro isolandolo dal passato. Il che significa che l'opinione critica è spesso abbandonata al presente come un'orfa-

na».[6] *Non so bene chi sia Berger e nemmeno so bene cosa sia il postmodernismo, non saprei darne una definizione, ma penso di aver capito che la nostra modernità, o forse postmodernità, ha perso quelle grandi verità, quei fondamenti coerenti che ha sempre avuto senza che niente di abbastanza forte li abbia sostituiti. Quindi è abbandonata a sé stessa, come dice Berger, e noi dentro di lei viviamo in uno stato di confusione piena. Piena di cose senza senso, prive di una direzione, di un contesto.*

E rieccoci al vuoto e all'abbandono. La realtà di oggi è immersa nel presente, sì, ma non è presente a sé stessa. Non c'è un prima, non c'è un dopo; è quel presente che non richiede consapevolezza, come quando scrolli un'app a caso. Serve solo a distrarti per non essere presente al tuo corpo e al tuo cervello che vivono un disagio momentaneo: la noia, la fatica, l'attesa. Insomma, il passato ci manca, il futuro ci fa paura e nel mezzo c'è l'atroce problema della

[6] J. Berger, *Presentarsi all'appuntamento. Narrare le immagini*, Libri Scheiwiller, Milano 2010.

nostalgia, una figura anemica che pensa sempre e solo con i verbi al passato, che elogia il senso di ritorno, e sbava guardandosi allo specchietto retrovisore.

La nostalgia è il contrario del futuro.

Qualche mese fa un noto artista mi raccontava della sensazione di regalare assist alle generazioni future e di osservare da lontano il loro successo. Non deve essere facile, mi son detto. Anzi, se non hai un'autostima decente e non ti sei costruito un paio di strutture mentali valide ed efficaci dev'essere parecchio frustrante.

La prima volta che ho avuto davanti entrambe le generazioni, quella «assist» e quella «goal», è stato durante il mio primo viaggio a New York. La generazione assist era rappresentata da JDL *dei Cold Crush Brothers, rapper che hanno fatto il rap prima che esistesse l'idea stessa di fare rap: sono il giorno zero dell'hip hop, quelli che in America chiamano gli* originator, *gli inventori. Hai presente il film* Wild Style*? Ecco, erano loro. Mi ritrovai a girare per Har-*

lem e anche un po' per il Bronx con lui, nell'attesa di incontrare, la sera, Swizz Beatz, che avrei dovuto intervistare per la rivista Rolling Stone.

La faccio breve: se JDL *fa parte degli inventori, Swizz Beatz, produttore iconico e anche marito di Alicia Keys, è nato nel 1978 e fa parte della generazione dopo, quella «goal». In quell'anno i Cold Crush Brothers si formavano e sceglievano il proprio nome nel Bronx e già facevano la musica che poi avrebbe reso la generazione di Swizz Beatz milionaria. Eccolo, uno dei più grandi assist della storia della musica. Un ascensore sociale, ma soprattutto artistico, che probabilmente non ha precedenti. Come si sente* JDL*? Non me lo sono chiesto in quel momento, forse perché ero piccolo e strapazzato nel frullatore newyorchese. Ma ho capito come si accoglie il futuro quando, quella sera,* JDL *mi ha chiesto di dare il suo biglietto da visita a Swizz Beatz. Senza volerlo, con quel biglietto da visita* JDL *mi ha insegnato molto più di quanto avrebbe potuto fare inten-*

zionalmente. Forse è così che si accoglie il futuro: con rispetto.

In questo modo, il futuro non è più scollegato dal presente e soprattutto non può farci così tanta paura. Vorrei dire che il futuro comincia ad assomigliare davvero al futuro quando ci si rispetta tra generazioni. Lo hanno fatto prima di noi? A sensazione ti direi di no, ma generalizzo. Lo faremo noi? Mi verrebbe da dire di sì, anche se, in verità, viviamo in un'epoca in cui non si sa nemmeno più come si rispettano le persone. L'offesa ha un perimetro sempre più delicato e sottile, lo si sposta quando se ne ha bisogno, e così svuota il senso stesso del rispetto, del futuro e di tutto quello di cui abbiamo parlato finora.

E si torna al punto di partenza.

*

RICK DUFER

Un passato nostalgico, un futuro spaventoso e un presente-assente. L'hai spiegato chiaramente, WAD. Kierkegaard diceva che l'essere umano è quella creatura che vive nella tensione tra ciò che c'era e non c'è più e tra ciò che ci sarà ma ancora non c'è. In questa condizione, tra passato, futuro e presente, dove il presente sfugge sempre, si gioca la partita della nostra esistenza. Ogniqualvolta ci dimentichiamo di una delle tre dimensioni finiamo per diventare insignificanti.

Ma la cosa veramente interessante è che ognuna di quelle tre dimensioni può essere benefica o terribile per il nostro equilibrio. Pensa al passato: può farci un gran bene quando ci concede di comprendere il percorso che ci ha portati dove siamo, le cause di quel che siamo ora, le radici della nostra esistenza; ma può diventare un fardello terribile che ci immobilizza quando si trasforma proprio in quella nostalgia canaglia di cui parlavi e che oggi affligge così tante persone. Allo stesso modo, il futuro può essere un nostro grande alleato quando lo pensiamo come progetto di vita, quando ci apriamo al mondo di possibilità che può concederci, quando interpretiamo la sua incertezza come ricchezza e non come tortura; ma il futuro può anche diventare un compagno di giochi terribile, un vero bullo, quando lo immaginiamo in modo apocalittico, quando la sua incertezza ci blocca e ci fa desiderare di non compiere un solo passo in più, quando ci convince di dover conservare un presente immobile per paura di quello che potrebbe succederci. Infine, il presente: può nutrirci quando lo vediamo come il trampolino verso il domani, ma può anche alienarci quando diventa l'unica dimensione che vogliamo vivere, un eterno oggi per rimanere immobili, come in una goccia d'ambra.

Quel che temo sinceramente, e che hai delineato tu stesso, è che in quest'epoca di continuo presente finiamo per vivere tutti gli aspetti più negativi di ciascuna dimensione del tempo. Mi guardo intorno e vedo dominare la nostalgia di passati mai vissuti, con un mercato dell'intrattenimento che la alimenta di continuo. Pensa solo al fatto che anche

Hollywood non ha più grandi idee originali, e ricicla attori e storie con prequel e sequel giocando su una nostalgia spicciola, come quella di film usciti neanche vent'anni fa. Mi vengono i brividi. Anche per questo ci sono orde di persone adulte che si ostinano a vivere da adolescenti, immobilizzate in un'immagine infantile di sé e incapaci di fare un passo verso la vita adulta.

Oltre alla nostalgia che aiuta ad allungare la coda al botteghino, vedo anche un apocalittismo devastante che impera nei cuori dei giovani. Pur vivendo in un mondo colmo di conoscenza, possibilità e libertà, questi si trovano a guardare al domani con gli occhi della paura, della sfiducia e del nichilismo. Per quanto sia cosciente delle difficoltà oggettive di un'epoca di crisi generalizzata, non accetto ben volentieri che queste difficoltà si tramutino in paura piuttosto che in voglia di agire, di impegnarsi per cambiare le cose. E quel che è peggio è che la conseguenza di tale atteggiamento è il presente eterno al quale accennavo prima. Il «vivi come se fosse sempre l'ultimo giorno della tua vita» si è tramutato in «vivi come se non dovesse importartene nulla del domani». Un atteggiamento che mi preoccupa non poco.

Sulla tua ultima affermazione, tuttavia, non mi trovo molto d'accordo. Io non sono uno di quelli che urlano «*You stole our future*» perché, a conti fatti, le generazioni precedenti alla nostra hanno risolto molti più problemi di quanti ne abbiano creati. Non possiamo dimenticarci di aver ereditato il mondo più tecnologicamente avanzato e comodo di qualsiasi altra epoca; di aver ricevuto in dono, letteralmente, una medicina evoluta che migliora la qualità della vita e la sua aspettativa. Non possiamo negare, con le dovute eccezioni, di aver ricevuto un mondo che ci chiede di prenderlo in mano e modellarlo a immagine di quello che desideriamo e, se siamo onesti con noi stessi, dobbiamo ammettere di avere tutti i mezzi per poterlo fare.

Ma stiamo buttando via l'occasione – la mia

generazione in primis – perché quel benessere lo abbiamo dato per scontato, perché l'eredità l'abbiamo confusa con la pensione, perché la fatica che ogni opportunità richiede non la vogliamo vivere. Non intendo generalizzare, ma nella generazione dei nostri nonni e genitori c'era una spinta frutto di aver visto un mondo meno bello di quello che desideravano. Al contrario, nella mia generazione noto una pigrizia che è il frutto di un benessere dato per scontato, e che abbiamo troppa paura di perdere.

Ovviamente, la cosa è più complessa di così: i nostri genitori hanno creato le condizioni per una crisi economica compiendo scelte fin troppo spavalde; negli ultimi sessant'anni, poi, in ambito climatico si è avuto un peggioramento drastico; infine, la generazione precedente alla mia ha dato inizio a un declino della cultura di massa che ha portato al trionfo dell'intrattenimento becero e alla quasi scomparsa di un intrattenimento ben progettato. Tuttavia, ogni generazione risolve problemi e ne consegna di nuovi alla successiva e io mi chiedo: abbiamo il coraggio di ereditare anche i problemi oltre alle soluzioni e, con le nostre forze, affrontare quelli che ci si parano di fronte? Questo vale per qualsiasi ambito: culturale, scientifico, politico, senza eccezioni. Non mi piace pensare che esistano generazioni buone e generazioni cattive. Ognuna fa del proprio meglio, in modo imperfetto, in un mondo imperfetto.

Noi, ne sono certo, possiamo fare molto più di così.

*

WAD

Be', questi sono davvero tanti input. Vorrei fare un po' di ordine. Provo a partire dalla fine. Anzi, facciamo un esercizio di visualizzazione insieme, così posso sorvolare direttamente sul difficilissimo tema del senso di appartenenza generazionale, e soprattutto non timbriamo il cartellino utilizzando quell'odioso modo di dire che ci fa sembrare tutti dei rincoglioniti: «Una generazione pianta gli alberi e quella dopo si gode l'ombra». Ombra un cazzo! Fa un caldo fottuto.

Dividiamo gli ultimi cento anni in due blocchi: pre-hip hop e dopo-hip hop. L'hip pop nasce l'11 agosto 1973. Le generazioni pre-hip hop hanno visto il mondo tentare l'autodistruzione più volte, poi ne sono uscite e si sono costruite la ricchezza. E fin qui tutto bene, come dice lo zio Hubert Koundé: se non fosse che ci hanno preso un po' la mano fino a stuprare completamente il pianeta Terra e consegnarlo alla generazione post-hip hop abbastanza provato, impoverito, con un sistema di globalizzazione che poteva funzionare per loro, ma che scricchiola un po' per noi. Insomma, ho fatto un discorso molto ampio per dirti che a noi, sì, ci è arrivata la torta gelato per il compleanno, ma stava già iniziando a sciogliersi.

Esco da questa difficile, e anche parecchio inutile, iperbole ammettendo che in realtà ho sempre pensato che le generazioni non esista-

no. È un concetto comodo, ma alla fine siamo solo persone che vivono un periodo storico, come cubetti di ghiaccio che vivono in un drink.

Tutti sbagliano, tutti fanno bene. Continuamente. Alcuni sono stati o saranno più fortunati, e avranno un passato a cui guardare con nostalgia o un futuro pieno di aspettative e di fortuna verso cui lanciarsi. Ad altri, invece, non andrà altrettanto bene, non potranno parlare dei «bei vecchi tempi» quando faranno riferimento alla propria adolescenza.

Ma, positiva o negativa, è comunque una possibilità che vale al futuro, al presente e al passato. La colpa non è di nessuno. Al massimo, sai che ti dico, è di Kanye West. Così, a caso, come piace fare a lui. Un personaggio realmente assurdo, tanto geniale e stupido, visionario e contradditorio. Ha capito com'è il mondo che abbiamo oggi. Penso che sarebbe in grado, se solo lo volesse, di indicarci la strada per superare davvero il limite di ciò che conosciamo. Per poi, magari, scoprire che da qualche parte oltre questo limite esiste una lametta genera-

zionale che può aiutarci a far cadere i confini tra chi c'era prima e chi ci sarà dopo.

Kanye è l'esempio di chi prende la vita seriamente senza prendersi troppo sul serio. È triste, ma secondo me si diverte molto. «Life is not a solo project» *dice in una canzone. Perfetto: allora facciamola insieme. Una volta, in una delle sue interviste sconclusionate, ha detto: «Non è più l'uomo contro la macchina, oggi l'uomo "è" la macchina». Mi piace questa visione, perché non si limita a scegliere da che parte stare – dalla parte dell'uomo o della macchina – ma crea un proprio partito, non intuitivo, contraddittorio. Ti sbatte in faccia un'idea, sì, proprio a tutti noi che crediamo alla favola della macchina cattiva, che abbiamo paura dell'intelligenza artificiale, che ci sentiamo così vuoti da temere che un computer possa sostituirci. Sai che ti dico? Che mica è colpa del computer se rischiamo che ci sostituisca. È colpa nostra, perché abbiamo perso profondità, e la nostra capacità poetica e intuitiva è scesa al pari di quella delle macchine;*

non sono mica queste ultime a essere diventate come l'uomo.

Quello che voglio dire è che dovremmo «kanyewestizzarci» tutti un po' di più, invece di credere alle favole così come ce le hanno raccontate. Questa è la visione, o meglio la divisione, degli ultimi cento anni immaginata da quelli di cento anni fa: per la prima generazione è il sound of home*; per la seconda è il* sound of their parents*; per la terza è il* sound of nothing.

Ma non mi piace. Non siamo il suono di niente, non può essere così, Rick. E allora che suono siamo?

Dialogo 3
The sound of nothing. E tu, in cosa credi?

RICK DUFER

A me Kanye West piace perché è uno che rimescola di continuo le carte del suo mazzo. Perché, al contrario degli artisti di cui parlavamo all'inizio, lui non si adegua. Anzi, appena «noi» ci adeguiamo alla «sua» follia del giorno, ne tira fuori un'altra. È ovvio che ci disturba, che ci fa aggrottare la fronte, storcere il naso. Ma non è forse questo il suo ruolo di artista, e anche ciò che rende tutto più divertente?

Mi ricorda un po' ciò che diceva Erasmo da Rotterdam nel suo *Elogio della follia:*[7]

[7] Erasmo da Rotterdam, *Elogio della follia*, a cura di Eugenio Garin, Mondadori, Milano 2019.

«Ditemi, per Giove, quale momento della vita non sarebbe triste, difficile, brutto, insipido, fastidioso, senza il piacere, e cioè senza un pizzico di follia? E di questo è degno testimone il non mai abbastanza lodato Sofocle con quelle sue splendide parole di elogio per me: "Dolcissima è la vita nella completa assenza di senno"».

Ecco, io credo che la mia generazione abbia perso quella spinta della follia. Sai, la voglia di saltare l'ostacolo nonostante la paura e di superare i confini della propria zona di comfort. Quella voglia di stare scomodi, scomposti. Sono convinto che oggi solo una dose di follia possa salvarci dal nulla di cui parli. Una follia che definirei esploratrice, che non si accontenta, convinta di poter andare oltre ogni scoglio della vita.

Perché, sì, WAD, anche se non ti piace, secondo me noi siamo proprio nel bel mezzo di quel *sound of nothing*. La modernità è abbandonata a sé stessa e, senza quei valori, quelle verità forti che sono crollate nel secolo scorso, non sappiamo più in cosa credere. Anzi, non sappiamo nemmeno se valga la pena credere in qualcosa, e l'atto di credere – l'atto di fede, se vogliamo – ci fa profondamente paura. Come hai detto tu, niente ha sostituito quelle verità di ferro e il concetto stesso di ideale ne ha risentito venendo meno. Non c'è nulla che ci accende. Che ci appassiona. Non abbiamo il coraggio di credere in qualcosa perché abbiamo troppa paura di venire delusi da quella cosa e, dunque, tanto vale non credere affatto.

Questo si riflette in ogni ambito della nostra vita. Nella creatività, per esempio. Nessuno crede più nel talento o nella vocazione, le cose che fai le fai e basta, per obbligo oppure come distrazione passeggera, come un passatempo che velocemente perde interesse. Sempre più persone dichiarano di non avere passioni e vivono come per inerzia, spostandosi da un luogo all'altro senza una vera direzione.

Nelle relazioni e nell'amore avviene più o

meno la stessa cosa. Non si investe più sul lungo termine, non si crede più nel rapporto duraturo, né nella complicità e nell'intimità che esso comporta. Questo perché una relazione lunga prende tempo, deve essere costruita e soprattutto mantenuta con sforzo e con impegno costanti. È più comodo, allora, vivere la superficialità, il semplice divertimento. Credere in qualcuno, oltre a essere faticoso, ci sembra anche rischioso: perdere una persona è una possibilità e sicuramente il dolore provato supererebbe la felicità che si è potuta vivere.

Nel lavoro e nello studio siamo ugualmente in preda alla sindrome della transitorietà. Significa che, pensando che tutto passerà, preferiamo non attaccarci a nulla e rimanere in superficie.

In altre parole, nella maggior parte degli ambiti della nostra esistenza siamo bloccati. Non crediamo in niente perché credere ci appare un pericolo, anche se siamo consapevoli che non si può essere umani senza credere in nulla. Vogliamo fare tutto per essere sicuri di non perderci niente, e allora facciamo male qualsiasi cosa. Perché compiere una scelta implica dire da che parte si sta, creare un proprio partito, stabilire un bianco e un nero, uscendo dalle confortevoli sfumature di grigio dove tutto è possibile e intercambiabile.

Come dicevamo all'inizio di questo dialogo, non ci sono più né la capacità né la voglia di schierarsi, di dire la propria. Non c'è più la spinta che ha disposto le generazioni precedenti da una parte o dall'altra della barricata. Siamo vuoti, e rimaniamo tali perché il vuoto, pur essendo sterile, rendendo ogni cosa leggera e passeggera, almeno ci fa sentire al sicuro. Il vuoto non può fare male, proprio perché è vuoto. L'assenza di un'opinione, l'assenza di un sentimento duraturo, l'assenza di una passione sono rassicuranti. Nessuno ci può portare via qualcosa che non c'è. Niente e nessuno possono farci male. «Se niente importa, non c'è niente da salvare» come ha scritto Jonathan Safran Foer.

Credo che questa sia, almeno in parte, la grande colpa educativa dei nostri genitori. Siamo stati abbastanza fortunati da nascere e vivere in un contesto di benessere come mai nessuna generazione prima di noi. Ma, forse per un eccesso di volontà protettiva, non ci è stato mai insegnato che le cose importanti e belle della vita devono essere comunque guadagnate con sforzo e impegno. Così, ci siamo convinti che sarebbero arrivate facilmente. Quando ci siamo accorti che, al contrario, per vivere – e non per esistere, quello è facile – bisogna sentire una vera e propria spinta, bisogna avvertire l'entusiasmo, quasi la vocazione, ci siamo fatti prendere dal panico e dall'ansia. Visto che per prendere la parte di mondo che ci spetta ci vuole la spinta folle, e non la si può avere senza credere in qualche cosa – un'idea, un valore, una persona, una passione, un dio, mettici quello che vuoi –, ci siamo scoraggiati. E, peggio, ci siamo rifugiati in una razionalità assopita, una mente calcolatrice che va verso il maggiore profitto e piacere nel minor tempo e con il minor sforzo possibile.

Come risultato, oggi siamo troppo razionali senza essere intelligenti. Calcoliamo i vantaggi e gli svantaggi in ogni cosa. Trattiamo ogni relazione come se fosse un mero scambio commerciale, trasformati in creature ciniche. Bisogna sempre razionalizzare, e se non siamo sicuri di poter trarre un vantaggio da qualcosa, tanto meglio rimanere immobili.

Ecco, il *sound of nothing* per me è l'immobilismo esistenziale, molto simile al vuotismo selettivo di cui parlavamo prima. Il nulla, l'immobile, il vuoto come risposta alla paura di perdere qualcosa. Siamo scemi e zombie, ecco tutto. Sempre Erasmo, nell'*Elogio della follia*,[8] ha scritto: «Nulla di più stolto di una saggezza intempestiva; nulla di più fuori posto del buon senso alla rovescia». Ecco, oggi cerchiamo di sembrare sapienti, saggi, fighissimi e perfettamente in ordine. Puliti e pettinati,

[8] *Ibid.*

ma morti dentro. Invece dovremmo iniziare a ballare, a spogliarci muovendoci in modo scomposto, a cantare in modo squilibrato per muovere un po' le corde del mondo e del nostro animo. E quanto ci danno fastidio le persone che lo fanno! Non è che un riflesso del vuoto che abbiamo dentro. La gente che balla per strada, che canta e fischia, il rumore, le cose che non vanno nel «verso in cui dovrebbero andare», tutto questo sì che ci dà noia. Imbalsamati, come animali in formaldeide, abbiamo paura di essere scossi, di essere mossi, di essere messi a disagio. E additiamo chiunque si muova come qualcuno che invece dovrebbe stare al suo posto invece di provare, cadere, sbagliare. Ma, perdonami la frase fatta, sbaglia solo chi effettivamente fa qualcosa. È facile non sbagliare stando seduti, senza prendere iniziative. È facile non sbagliare strada sedendosi davanti al bivio, senza imboccare una qualsiasi direzione.

Personalmente ritengo che, anche se siamo arrivati tardi per esplorare la Terra e presto per lo spazio, dovremmo perlustrare comunque. Forse più noi stessi, più dentro che fuori. Ma per farlo senza cadere in un buco nero esistenziale bisogna avere degli appigli: bisogna credere in qualche cosa. Kanye, nel suo essere controverso, contraddittorio e molto scomodo crede in molte cose, ne sono certo. Tu, WAD, in cosa credi?

*

WAD

In cosa credo? Non ho mai stilato una vera lista di cose in cui credo, perché forse ci credo e basta e non ne ho mai avuto bisogno. Ma è una domanda difficile. Potrei provare a farla ora, sarà caotica, incompleta…

Inizio dalle cose più semplici. Io «mi credo», nel senso che credo a me stesso. Ciò non vuol dire che credo di essere qualcuno, mai. E ho sempre amato la domanda: «Ma tu chi ti credi di essere?».

Poi, credo in tutto quello che ancora non so.

Per esempio, non avendo fatto il liceo classico, credo anche ai miti greci che non ho studiato e che proprio in questi giorni, con il mare davanti, sto provando a recuperare. Loro sì che sapevano risolvere i problemi, e quando non ne avevano sapevano inventarli per poi risolverli. Ho scoperto in ritardo che, per esempio, quando Zeus fece creare la prima donna mortale, Pandora, dal fango e dall'acqua, lo fece quasi per punire gli esseri umani. La creò con un'estetica divina che travolse gli istinti di chi la conobbe, talmente affascinante che sulla Terra ci fu un vero e proprio stordimento collettivo. La gente iniziò a sposarsi. Ma la vita coniugale fu subito un inferno, servivano degli equilibri. Qualcuno dovette inventarseli, e indovina chi lo fece? La donna aveva una natura duplice, era la sofferenza ma era anche la pancia, il lato oscuro e la fecondità. In sintesi: portava in sé tutte le contraddizioni della nostra esistenza. Penso di aver capito che nell'antica Grecia ogni pensiero rappresentava un successo, come per Maria De Filippi.

Credo anche molto nell'equilibrio, lo studio quotidianamente. Ci litigo, ma imparo: il tempo misurato e il tempo naturale, la follia e la disciplina, il risultato e la partita. E, a proposito di equilibrio, ho imparato qualche giorno fa cos'è l'equanimità, quel volto dell'amore che pochi esplorano. La capacità di non sentirsi né superiori né inferiori, ma tutti uguali. Imparziali, uniti. I politici americani, che sono la massima espressione della paracoolness, *dicono da sempre:* «United we stand, divided we fall». *Tutto quello che non siamo in questa epoca: uguali e uniti. Su Instagram celebriamo le similitudini, condividiamo quello che proviamo con sconosciuti nei quali in qualche modo i nostri sentimenti risuonano, ma in fondo ognuno di noi subisce lo stordimento e il disagio della differenza. E questa c'è sempre: di genere, di età, di soldi, di follower, di credo.*

Ecco le prime cose in cui io personalmente credo. Non so se bastino, ma sono quelle che sento.

E hai ragione, Rick, tutti dovremmo crede-

re in qualcosa. Ah, ecco, un'altra cosa da aggiungere alla lista: credo che ora dovremmo essere alle Hawaii a bere Piña Colada, dopo aver spento tutte le guerre del mondo, l'odio sui social, le fake news e molti podcast inutili.

Invece è tutto il contrario. La creatività di cui parli è diventata l'opposto della libertà, il «no future» *che tanto motivò il punk degli anni Settanta oggi si è trasformato nello stile di vita più diffuso e convenzionale. Tutti vogliono diventare famosi subito. Ricchi subito. Nota bene: prima famosi, poi ricchi. Attenzione, però, che i soldi non sono passati in secondo piano. La fama non è ricercata in quanto tale, ma come veicolo, come motore per i soldi. E quindi? Quindi non c'è più nessuno che crede in niente ma tutti che puntano ad avere un nome per fare soldi.*

«One for the money, two for the show» *dicevano gli antichi americani. Ma sai cosa? Ora è una vera noia perché si è pure quasi spento lo show. È tutto* «for the money». *Che poi, tra tutti i famosi che conosco non c'è mai qualcu-*

no che sia veramente felice. La fama, senza equilibrio, sembra essere una trappola buia, profonda, terribile. Così come il denaro. Eppure li inseguono tutti entrambi, solo per ritrovarsi con una patina appiccicosa sulle dita quando finalmente riescono a toccare l'idolo che guardavano da lontano. E quella patina, ti assicuro, non va mai più via. Ecco, aggiungiamo un altro punto alla mia lista: credo di non aver mai inseguito la fama e i soldi, neppure inconsapevolmente. Te lo posso giurare, e questa consapevolezza, lo ammetto, mi eccita tantissimo.

Il rapper Mos Def, in un documentario, ha detto una frase che ho screenshottato e messo come immagine di copertina su X qualche anno fa; è ancora lì e te la riporto: «Il guadagno è parte della macchina, ma non è l'autista, né il motore». Vale per i soldi, vale per la fama, vale per il superfluo. Quanto può andare avanti, e dove può portare, un motore che adesso si muove a fama e soldi? Te lo dico io, non lontano. Da nessuna parte. Anzi, forse a schiantarsi contro il muro del sound of nothing. *Che per essere un muro di niente ci fa prendere una bella botta. E il muro di quel suono lì non si infrange mica come l'altro. Rimane bello solido, ci ingloba, rende niente anche noi, ci fa a pezzettini e in piccole particelle, microscopiche, che non credono in niente e faticano a ricordare come si fa.*

Ma continuo con l'elenco. Dopo queste cose un po' a caso, a cosa credo? A tutto il resto. Credo anche di essere stupido a vivere così, perché le regole del gioco ormai sono altre, i parametri in qualsiasi settore sono questi di cui ti ho parlato. Mentre io mi arrangio tra una cosa e l'altra, barcollo più fuori che dentro perché voglio sapere qualcosa. Ed è faticoso, e forse non serve a niente. Però mi fa stare bene essere un outsider *anche in questo modo di vivere, e mi piace allenare la lingua e la voce a qualcos'altro, a un vaffanculo, per esempio. Fanculo i soldi, fanculo la fama. Fanculo chi si racconta per quello che non è. Fanculo gli artisti vuoti, senza senso, senza arte. Fanculo il populismo, l'approssimazione, la superficialità. Fanculo la cul-*

tura del niente. Fanculo il suono del niente. Fanculo la parola «fanculo».

Se il vuotismo selettivo, che poi come dici giustamente tu è il sound of nothing, *fosse un negozio, all'entrata dovrebbero mettere un cartello bello grande con la scritta: «Abbiamo la soluzione a tutto, ma non funziona niente».*

*

RICK DUFER

Ho letto questo tuo ultimo messaggio quasi come fosse un *freestyle*. Ma è un po' quello che stiamo facendo qui tu e io, no? Un bel *freestyle* vecchio stampo, con la filosofia al posto delle rime. Mi piace.

Mi hai fatto riflettere su molte cose, ma vorrei ripartire dalla domanda che ti ho posto perché, come mi hai giustamente detto, rispondere a quella cosa è davvero un casino.

Di fronte alla domanda «Tu in cosa credi?» alcuni risponderebbero: «Credo in questo, in quello, in quell'altro». C'è chi crede alla popolarità, appunto, per scoprire che si tratta di una trappola che inghiotte tutto quello che si ama. C'è chi crede nell'amore della propria vita, nel proprio matrimonio, nel partner, ma poi scopre che anche quella è una cosa transitoria, che traballa, che è preda dei venti e delle correnti. C'è chi crede nella scienza, nel dato empirico, e per questo è convinto di aver raggiunto un grado di certezza ineffabile, per scoprire poi di essersi cocentemente sbagliato. C'è chi non crede in nulla, e proprio per questo cade nel tranello del credere a tutto: nessuno può credere in niente, se non quando è morto. E se devo essere sincero, anche lì ho i miei dubbi.

In fin dei conti, quello in cui credi dovrebbe essere ciò che per te è assolutamente indiscutibile, no? Solido, sicuro, un punto fermo sul quale appoggiarti quando traballi, quando hai bisogno di una direzione morale perché non sai più chi sei o dove vuoi andare. Ovvero: cerchiamo di credere in qualcosa che non cambia come le stagioni, in qualcosa che non segue le mode passeggere, crediamo invece in quello che non appare transitorio come tutto il resto. Per questo ci sono molti che credono in «Dio». Mettono dentro a questa breve parola, pesantissima, tutto quello che, secondo loro, non muta, non passa, non è soggetto a compromessi. «Dio è amore» significa: l'amore non passa mai. «Dio è misericordia.» Oppure forza, conoscenza, eternità eccetera. Vogliono dire: «Quelle cose lì non passano mai, quindi ci credo». Purtroppo tutto quanto passa, tutto è transitorio, tutto appare, scompare e si trasforma in altro, e non c'è niente che possiamo fare, né io, né tu, né nessuno di più potente o intelligente di noi, per fermare questo processo. Neanche il concetto di Dio.

Non solo. Eraclito scrisse quelle famosissime parole, terribilmente fraintese, «πάντα ῥεῖ», ovvero «*Pánta rheî*». Tradotto dal greco, come saprai, vuol dire «Tutto scorre». Siamo come di fronte a un fiume: nessun essere umano può immergervisi due volte poiché esso scorre, non è più lo stesso. Ma non solo: tutto scorre, non solo il fiume, perciò anche tu che ti immergi stai scorrendo e, rispetto alla volta precedente, sei cambiato. Tu scorri, il fiume scorre... l'esperienza è dunque l'incontro tra realtà che mutano e si trasformano in continuazione.

Per questo, rispondere alla domanda «In cosa credi?» è difficile, e la tua risposta, perdonami, non mi soddisfa. «Credo in me stesso»? Cosa vuol dire, dal momento che il WAD che sta leggendo questo messaggio è un altro rispetto al WAD che ha scritto il precedente?

I miei occhi incontrano un uomo che si trasforma, i miei stessi occhi sono quelli di un individuo in continuo divenire. Niente è immobile, eterno, permanente. Questo è il motivo per cui molti filosofi, rispondendo alla domanda che ti ho posto, non procedevano per metodo positivo, ovvero dicendo quello in cui credevano, ma usavano un metodo negativo. Quindi, da tutti gli elementi che componevano la propria persona, eliminavano qualsiasi aspetto transitorio che – necessariamente – non poteva essere quello in cui credevano, dal momento che si crede in ciò che non è transitorio.

Ti faccio un esempio. Eugenio è un ragazzino di Torino che ama moltissimo gli orologi, i bei vestiti, il basket e la propria fidanzata. Pertanto potrebbe dire di credere in ognuno di questi elementi, per poi scoprire di non poterlo fare veramente. Crede nel valore degli orologi, ma scopre che quel valore fluttua in base a cose che non può controllare. Crede nella bellezza dei propri vestiti, ma quelli si deteriorano con il tempo, oppure qualcuno potrebbe rubarli, danneggiarli, o lui stesso potrebbe perderli o cambiare gusti. Crede nel basket, ma la sua salute potrebbe non essere sempre al massimo e impedirgli di giocare. Infine, crede nell'amore per la propria fidanzata, ma quell'amore potrebbe spegnersi, lei potrebbe lasciarlo oppure potrebbe anche morire. E la relazione si romperebbe, scomparendo nel nulla. Eugenio scopre così che in fin dei conti credeva davvero in nulla. Perciò potrebbe iniziare a chiedersi: «Cosa resta di me se tolgo gli orologi, i bei vestiti, il basket e l'amore per la mia fidanzata? Cosa rimane del "me stesso" di cui sono la personificazione quando vengono meno tutte le sovrastrutture? Resta qualcosa?».

Ecco, la domanda che ti ho posto va in quella direzione. È così che va affrontata, ed è estremamente complicata.

Perciò, provo a portela in un modo diverso, e vediamo che il «In cosa credi tu?» si trasforma nel seguente quesito: «Cosa resta di te quando togli tutti gli elementi che ami, a cui sei legato e che compongono la tua identità?».

Dialogo 4
I problemi sono le soluzioni

WAD

Sei uno stronzo, Rick. In senso positivo.

Abbiamo parlato quella sera da me di un concetto un po' particolare, la «disfelicità». Mi ha molto colpito, ma soprattutto mi ha spaventato. Parlando di uno dei tuoi amici, Goethe, Zygmunt Bauman ha scritto: «La felicità non consiste nella libertà dai problemi, dalle preoccupazioni, dalle ansietà, ma al contrario sopraggiunge quando superiamo i problemi, le angustie, le difficoltà della nostra vita». Quindi, in un certo modo abbiamo bisogno dei problemi nella nostra vita. E, ti dico di più, secondo me noi siamo i problemi che abbiamo. Senza le difficoltà non saremmo persone senza difficoltà, più semplicemente non saremmo affatto. I problemi, in qualche modo, ci definiscono.

E so che forse sembra una frase stupida, ma penso anche che i problemi siano le soluzioni. O meglio, delle cose da fare, dei compiti. Sai, noi «filosofi-saggi» fondamentalmente pensiamo frasi basiche che poi rendiamo complicate nella forma. A parte gli scherzi, Jung sosteneva che «dove c'è la paura c'è il tuo compito». Quindi, per tornare alla tua domanda, «In cosa credi se ti spogli di tutto quello che sei e dei problemi che hai?», ecco la mia risposta aggiornata: credo in quello che sono e nei problemi che ho. So che è un tema a cui tieni particolarmente, l'ho letto nel tuo ultimo libro.[9] *Ma non cadrò nella trappola del: «Non so cosa rispondere». Probabilmente non esiste una vera risposta; anzi, se esiste dimmela così sblocchiamo questo ingranaggio. Nel frattempo ti parafraserò Jay-Z:* «I got ninety-nine problems but that risposta ain't one».

[9] R. DuFer, *Critica della Ragion demoniaca. Quali forze sono al comando della tua vita?*, Feltrinelli, Milano 2024.

Ti racconto una storia semplice, che forse ti sembrerà patetica ma è vera: è ciò di cui parlavamo qualche capitolo fa, Italia-reale. Il protagonista si chiama Luca, storico amico di mio padre, anni e anni nei cantieri come muratore. Una vita tutta sacrifici e zero svago. Quando lo incrociavo mi soffermavo sempre sulle sue rughe, talmente profonde che sembrava gli avessero messo, al posto della pelle del viso, terreno arido, secco, rotto dal vento. Dubito avesse una routine per la sua skincare *la mattina, alle quattro quando si svegliava per andare al lavoro. Da piccolo ho visto poche volte Luca dopo le estenuanti ore di cantiere con la squadra, che era praticamente tutto quello che aveva: loro erano gli amici del lavoro, quelli con cui si sporcava le mani ma anche con cui rideva, scherzava, giocava, si mostrava ogni giorno per quello che era. La sua amata gang. (Che poi gang non è un termine inventato dai trapper ma nasce proprio per indicare il gruppo di operai che si muoveva per una missione comune, cioè il lavoro.) Tornando a Luca… Non ti tengo sulle spine, vado subito al dunque. Dopo aver lavorato una vita, amando quel lavoro per quasi cinquant'anni, dopo aver guadagnato l'essenziale per sopravvivere e sfamare la sua famiglia, aver sacrificato qualsiasi cosa, arriva finalmente al giorno della pensione. Evviva. Rullo di tamburi. Tataratà tataratà. È quell'attesissimo momento in cui un operaio si libera di qualunque problema ed è finalmente solo con la sua essenza (o la sua assenza), dopo decine di anni dedicati a qualcosa di estraneo.*

La storia di Luca non finisce così, però. Cosa succede? Luca vive tre giorni felice in pensione. Poi si ammala e muore.

Pensi che avrebbe preferito continuare a vivere pieno di sacrifici e problemi oppure rispondere in sostanza alla tua domanda? Mi chiedo, cosa resta di Luca nel momento in cui ha tolto tutti gli elementi della vita che amava, a cui era legato e che componevano la sua identità?

L'assoluto e più completo… niente.

*

RICK DUFER

La storia di Luca è la storia di molti ed è il motivo per cui, nella nostra epoca, la domanda che più spesso serpeggia nella vita delle persone è: «Ma chi me lo fa fare?».

Io la chiamo la malattia del «chimelofafarismo», che è parte integrante del vuotismo selettivo, per tornare al solito concetto. Non credo in nulla, non ho legami, non sento responsabilità, non ho un progetto perciò, quando penso alla fatica dello studio, del lavoro, delle relazioni, quando immagino il continuo sforzo e l'impegno che la vita richiede, il pensiero che mi attraversa è: ma chi me lo fa fare?

Io non conoscevo Luca, non so chi o cosa «glielo facesse fare», ma posso azzardare delle ipotesi: lo stipendio che permette alla sua famiglia di mangiare, l'amicizia con i colleghi e compagni, la possibilità di ritagliarsi, nel mezzo delle fatiche, dei momenti di gioia e serenità?

Certo, sono ipotesi che partono dal fatto

che nessuna persona che crede in nulla può sobbarcarsi una vita come quella di Luca. Il chimelofafarismo è parte integrante della vita del nichilista. Pensandoci, mi è tornata in mente la vicenda umana di Viktor Frankl, uno dei miei autori preferiti, psichiatra e inventore della logoterapia, autore di uno dei libri più illuminanti mai scritti, *L'uomo in cerca di senso.*[10]

Frankl racconta di quando fu internato per quattro anni in un campo di sterminio nazista insieme alla moglie. Nello stesso momento, non «insieme», ovviamente, perché furono separati e non si incontrarono mai per tutto il tempo della prigionia. C'è un passo in cui racconta di ciò che gli dava motivazione nelle fredde mattine in cui si trovava a rompere ghiaccio e rocce, circondato da aguzzini e compari di sventura. Immaginatelo: lui se ne sta lì da ormai qualche anno, ogni mattina si sveglia per andare all'inferno senza nul-

[10] V.E. Frankl, *L'uomo in cerca di senso. Uno psicologo nei lager e altri scritti inediti*, FrancoAngeli, Milano 2017.

la da guadagnare, senza sapere se qualcuno gli tirerà un colpo di pistola solo per uno sguardo storto, e soffre. Non sa nulla della donna che ama, non ha sue notizie dall'inizio della prigionia. Potrebbe essere morta, scappata, potrebbe averlo dimenticato. E sai cosa dice Frankl? Dice che l'amore che prova per lei, in quel preciso istante, gli dà un senso di armonia, di realizzazione, di pienezza che lo fa andare avanti, che lo fa più che sopravvivere, lo fa proprio vivere.

Viktor Frankl scopre che l'amore che prova, non quello che riceve (perché, appunto, lei potrebbe essere morta), è il carburante esistenziale per non diventare uno zombie, per non soccombere, per attendere comunque il domani. Eccola, la grande scoperta di quest'uomo, che è un po' la grande scoperta della filosofia. Una volta che hai tolto tutto, oppure che ti hanno tolto tutto ciò che ti dava motivazione, una volta che scavando attraverso l'abrasione della vita ti sei spogliato di ogni cosa, una volta che hai toccato il niente, una piccola forza riemerge da te: la forza di amare. Amare, ovvero provare amore: incondizionato, senza necessità di essere ricambiato, amore che brucia e che non ha bisogno di nulla per esistere. Non c'è niente che debba alimentarlo perché è quello che alimenta tutto. Frankl ama sua moglie, anche se lei magari è morta o si è dimenticata di lui, e questo amore lo spinge ad affrontare a testa alta l'inferno in terra. Viktor, una volta che ha rinunciato a ogni cosa e ha perso tutto, ama.

Ecco, io credo che chi scopre l'amore, quell'amore incondizionato che dal di dentro si espande al di fuori, non si chiederà mai: «Ma chi me lo fa fare?». E per raggiungere quell'amore devi avere la forza di togliere il superfluo, devi scavare, devi vivere le bruciature senza fuggire.

Quell'amore che Frankl sente per sua moglie è lo stesso che l'artista prova per la sua opera: è amore che non dipende dal successo, dalla riuscita, dalla materialità, dai condizionamenti. Si tratta dell'amore della creatività, della spinta artistica; l'amore che non ha un perché dal momento che è il perché di ogni cosa. Lo scopri sotto lo strato delle cose superflue. E magari sono proprio quest'ultime, gli inciampi, gli ostacoli, a essere un espediente per addestrare l'occhio a vedere ciò che c'è sotto, il perché nascosto, l'amore fondatore di ogni cosa. Se gli inciampi servono a questo, allora sì che i problemi sono soluzioni. E una volta scavato fino in fondo saprai perfettamente chi te l'ha fatto fare, che tu sia Viktor Frankl oppure Luca.

*

WAD

So che non c'entra niente, ma mi chiedo spesso se quelli come te, che conoscono tante belle «frasi-da-citare», le ricordano a memoria o le estrapolano da un database in cui vengono beatamente custodite. Io, per esempio, annoto molto, ma non sono un professionista. Litigo con la mia memoria più di quanto abbia litigato in adolescenza con mia madre. Anche la memoria è un difetto dell'epoca in cui viviamo. Se si è soliti raccontare le generazioni contemporanee come un insieme disperato di persone senza volontà, senza prospettiva e senza futuro, è forse anche perché si è dimenticata la precarietà sociale, economica e spirituale in cui viviamo da ormai troppo tempo.

Qualcuno ha dimenticato.

Qualcuno dimentica.

Qualcuno dimenticherà.

Ho appena cercato su Google la parola «precario» per scoprirne l'etimologia. Vi risparmio la fatica, vuol dire: «supplicare, elemosinare». Per la mia grammatica è un dito medio che qualcuno ci spedisce quotidianamente con posta prioritaria – e su cui paghiamo anche le tasse – per nascondere dei concetti che non vuole pronunciare ad alta voce per paura di doverli affrontare: l'incertezza, il provvisorio, l'emergenza, l'arrangiarsi, a volte anche l'illegalità.

Questa vita sembra la periferia di una qualsiasi grande città globalizzata. Questa vita sem-

bra la trap. Ho parlato parecchio di «periferia» con Roberto Saviano. Lui la conosce per colpa dei criminali che analizza, io per merito dei rapper che incontro. Siamo molto d'accordo che tutte le periferie del mondo siano unite dagli stessi codici e linguaggi, dalla stessa estetica e dalla medesima puzza di fogna che le persone sentono laggiù. Lì, pensare al mondo «normale» fa schifo, e lo fa ancora di più quando si pensa al concetto di futuro. Che poi, a dire la verità, la periferia del mondo è il mondo.

Roberto mi ha detto: «Mentre il centro delle città non si somiglia per niente – il centro di Milano è molto differente dal centro di Parigi, molto differente come logica e cultura dal centro di Berlino, magari si somigliano per i negozi dei brand famosi e poco più –, la periferia di tutto il mondo è identica. La periferia di Manila ha gli stessi codici della periferia di Napoli che ha gli stessi codici della periferia di Marsiglia che ha gli stessi codici, ti assicuro, della periferia di Rio. Con diverso approccio alle armi, al sangue, chiaramente, però è uguale. Le stesse gerarchie, il modo d'azione, l'interlocuzione. Il rap in questo senso diventa universale. Che sia filippino, francese, turco o tedesco, risulta comprensibile in tutte le periferie del mondo».

Se per alcuni esiste l'attrazione erotica verso il saper sapere, laggiù brilla l'attrazione pornografica per il potere istantaneo, il soldo facile, la crescita veloce. Potrebbe essere questa una spiegazione alternativa al chimelofafarismo? È come fermare una persona che corre veloce verso una destinazione sconosciuta per chiedergli: «Quando ti guardi allo specchio cerchi i tuoi pregi o i tuoi difetti?». Non risponderebbe ma continuerebbe la sua corsa verso il niente. Sembra essere finita l'epoca in cui possiamo prenderci un po' di tempo per noi, popolo mondiale di oggigiorno. Figurati per esplorare l'amore.

È bello che tu abbia parlato d'amore. Tanti artisti lo fanno, per molti ho capito che è una tecnica per tentare di conquistare più gente possibile. Cioè fingono. O soffrono per finta. Altri ne parlano benissimo. Lo esaltano. Lo celebrano.

Io non so parlar d'amore.
Che sembra una citazione di una canzone.
Anzi, lo è.
Ma non mi ricordo di chi.

*

RICK DUFER

A me la «citazione-per-la-citazione» sta poco simpatica. Ogni volta che incontro qualcuno che cita e cita e cita mi sembra di avere a che fare con un registratore rotto. Personalmente mi piace più interpretare le frasi che mi hanno colpito a fondo, quelle che mi hanno fatto tremare i polsi mentre le leggevo o le ascoltavo, proprio come la citazione di Frankl. Da questo punto di vista, non imparo a memoria, non ne sarei in grado. I pensieri che mi rimangono in testa sono quelli che si connettono in modo indelebile a esperienze che ho vissuto, a persone che ho incontrato, a eventi che mi hanno scosso. A quel punto, citare a memoria non avrebbe senso: preferisco raccontare cosa quella frase o quell'idea mi ha messo dentro, anche a costo di essere poco fedele al testo originale.

Prendi l'esempio di Frankl: te l'ho voluto citare non perché mi piaccia quel che ha detto, ma perché me lo sono sentito sulla pelle proprio quando, nella mia vita, mi sono accorto che non amavo niente e nessuno, ma amavo solo me stesso e l'idea che avevo di me stesso. Incontrare Frankl ha dato corpo e profilo a un disagio che sentivo da tempo dentro di me, ma per esprimere il quale non avevo parole: non vivevo davvero, ero egoriferito, vivevo soltanto per ricevere e non davo alcunché a nessuno. Frankl mi è arrivato come un tram sui denti e mi ha permesso di cambiare la direzione di marcia.

Ecco, per me la cultura, le citazioni, la filosofia devono fare proprio questo: tirarti un ceffone così forte che, quando smetti di vorticare, la direzione che prenderai sarà molto diversa da quella di provenienza. Per questo preferisco l'interpretazione. Il filosofo

Charles Sanders Peirce, tanto per citare qualcuno e rimanere in tema, diceva che noi non siamo responsabili delle cose che ci accadono, ma siamo responsabili di come le interpretiamo.

Prendiamo come esempio proprio te e me. Tu non hai scelto che la tua adolescenza con tua madre fosse conflittuale, così come io non ho deciso che il rapporto con mio padre sarebbe stato di litigate, disaccordi e tensioni; non siamo responsabili di quello. Ciò di cui siamo responsabili, però, è il modo in cui interpretiamo quanto ci è accaduto: come decidi di incarnare e usare il destino che ti è arrivato addosso? Un ragazzo di Buenos Aires che nasce in povertà non ha potuto decidere la sua estrazione sociale ed economica, ma ha la libertà di vivere la propria condizione in modo da prendere una direzione diversa rispetto a quella che gli è capitata in sorte. Può intendere quel destino in modo vittimista e serbare rancore nei confronti di coloro che, come lui, non hanno potuto scegliere di nascere in un contesto più fortunato; oppure, può vedere quel destino come una possibilità e fare in modo di sviluppare un talento, una capacità, una particolarità che lo tragga fuori dalla sua condizione, come molti hanno fatto.

Lo stesso vale per un ragazzo ricco di Parigi: non ha deciso il destino in cui si trova, ma può decidere di interpretarlo nel modo migliore. Da un lato può darlo per scontato e dilapidare così il patrimonio economico, sociale, genetico che si è ritrovato; oppure, può mettere a frutto quella fortuna e, perché no, aiutare con le sue risorse anche il ragazzo di Buenos Aires che sta considerando il suo destino come un'occasione di accrescimento e non con vittimismo. Per questo ci sono persone che vengono scelte da un destino complicatissimo e che riescono a compiere imprese straordinarie, e persone che percorrono una strada facile e in discesa ma sprecano tutto per pura inedia.

Da questo punto di vista, io credo che nelle periferie ci sia molto meno chimelofafarismo rispetto al centro del mondo. Infatti, è molto più facile trovare un «ma chi me lo fa fare?» tra coloro che hanno ricevuto un destino non tragico rispetto al contrario. Oggi è molto più facile sentirlo dire dal ragazzo ricco di Parigi che non dal ragazzo sfortunato di Buenos Aires, semplicemente perché la condizione di tragicità rende molto più chiara all'individuo la necessità di interpretare le cose in modo libero, personale e impegnato.

Il benessere in cui oggi ci troviamo, un benessere fatto di tecnologia, alfabetizzazione, intrattenimento e soddisfacimento di tutti i bisogni primari e secondari, rende più complicato mettersi a impersonare, con la fatica del pensiero e dell'esperienza, il destino che ci è capitato. Se stai bene, se tutto ciò che ti circonda giunge a te con facilità, se non hai mai sentito i morsi della fame, l'umiliazione di un fallimento, la tragedia di una perdita incombente, il tuo «organo dell'interpretazione» (che non è il solo cervello, è tutto il corpo) vedrà come una spesa inutile ogni sforzo per decifrare il tuo destino, e sarà più probabile darlo per scontato. I miei genitori mi amano e mi danno tutto quello di cui ho bisogno: chi me lo fa fare di interpretare le mie caratteristiche in modo da uscire di casa e farmi una vita con qualcuno che dovrò faticare per conoscere a fondo? Il mondo mi fornisce giochi, intrattenimento e distrazione perpetua direttamente nella mia camera: chi me lo fa fare di uscire da questa zona di comfort per mettere alla prova le mie capacità sociali, linguistiche e psicologiche? Il mondo viene in mio soccorso, con piani B, C, D, non appena io vacillo: chi me lo fa fare di sviluppare muscoli psicologici adeguati a rialzarmi in autonomia se dovessi perdere l'equilibrio?

Il chimelofafarismo è una malattia del benessere, dei centri, non delle periferie. Non c'è molto tempo né molta voglia di urlare «ma chi me lo fa fare?» quando è la fame a fartelo fare, quando è la morte a fartelo fare, quando è la violenza a fartelo fare. Infatti, chi ieri diceva «ma chi me lo fa fare?» smette di chiederselo quando la propria inedia gli fa perdere i privilegi di cui il destino l'aveva fornito. Solo che, quando ti svegli e smetti di porti quella domanda, è troppo tardi.

WAD, io credo che la nostra generazione abbia una missione fondamentale: togliere di mezzo il «ma chi me lo fa fare?» dall'animo delle persone che vivono nel benessere. Il mio sogno è quello di vedere un mondo in cui il benessere non impedisca a un ragazzo di prendere in mano le proprie fortune per usarle nel migliore dei modi; un mondo in cui la ricchezza e i vantaggi sociali ed economici non siano d'intralcio alla volontà di faticare per accrescere sé e gli altri. Vorrei vedere, nel mondo del benessere, individui con la stessa forza di coloro che vivono nella tragedia. E questo lo si raggiunge tornando a credere che non saranno mai la ricchezza o la fortuna, e nemmeno la povertà o la sfortuna, a definire un individuo, ma sarà la sua voglia di interpretare la propria vita nel migliore dei modi.

*

WAD

Rimaniamo sul semplice: se ognuno deve interpretare la propria vita nel migliore dei modi, comunque può essere che qualcuno di noi non abbia una missione da compiere. Non siamo tutti Achille, Ulisse o Marracash. Molti di noi esistono perché bisognava riempire il pianeta di gente. Serviva una popolazione ampia, e non solo saggi, rivoluzionari e creativi. Eppure, ci fai caso che se apri Instagram o TikTok ormai sono, cioè siamo, tutti dei content creator*?*

Nessuno fa più il pubblico.

In questo c'è probabilmente un po' di sano egoismo, ma penso sia la precarietà che ce lo impone. Non sappiamo nemmeno più vivere le emozioni facili, quelle basic. Né quelle belle né, come dici giustamente tu, quelle brutte e pesanti. È sempre pronto un infinito scroll su qualche social media che ci stravolge le sensazioni vere e ci strattona all'interno di un inqui-

namento emotivo che ormai è peggio di quello climatico.

L'unica persona che saprebbe dirci cosa cazzo stiamo diventando non è una persona, ma è proprio la tecnologia che abbiamo sempre in mano: il telefono. Cosa vede il telefono quando noi guardiamo lui? Ecco cosa siamo diventati. Riusciamo a evadere dalla vita vera con la stessa facilità con cui le donne riescono a togliere il reggiseno da sotto la maglia. Su questo sono un po' fatalista: siamo anestetizzati. O meglio: siamo abitanti di un pianeta che potremmo chiamare Fatalinstagram.

Se per migliaia di anni è stato vero che nessuno è troppo piccolo per fare la differenza, la segmentazione di qualsiasi contenuto che ci circonda ci fa sentire talmente grandi da non essere in grado di fare niente. Non riusciamo più a compiere alcuna azione condivisa che possa avere un effetto positivo sul presente. Guarda per esempio la politica. Nessuna politica, se non quella populista e nostalgica, unisce più le persone. Le ideologie sono andate a farsi fottere.

La grammatica del dialogo sociale è talmente permalosa che chiunque si rifiuta di esporsi su qualsiasi tema. Ogni cosa è divisiva. Persino i diritti civili, attorno ai quali teoricamente dovremmo essere d'accordo. E invece è un gran delirio. Se ora scrivessi per esempio la parola «gay» potrei infastidire qualcuno anche solo per averla scritta. Vale lo stesso per la parola «immigrato». O «religione». O «disabilità».

Predichiamo la bellezza della diversità con post e reel, e poi alla fine scopri che quasi tutti lo fanno per accumulare like e stimolare l'engagement. Non esiste alcuna piattaforma sulla quale si possa avere un dibattito serio ma soprattutto sereno attorno a qualsiasi tema sensibile. Tranne che per il calcio.

Il silenzio, quel magico stato interiore che da migliaia di anni l'essere umano venera, è diventato un rifugio simile a un bunker dentro il quale ci nascondiamo per non fare la guerra. Che poi è la polemica. Che poi è l'abc del dialogo, che poi è l'essenza dell'evoluzione.

Mio nonno diceva: «Più sudi in tempo di pa-

ce, meno sanguini in tempo di guerra». *Oggi probabilmente aprirebbe Fatalinstagram e scriverebbe: «Se non sudi sei in pace, se non sanguini è tutto a posto».*

Easy, *senz'anima.*

Come questo mondo.

Il mio scrittore preferito degli ultimi anni è sudcoreano, si chiama Byung-Chul Han, e non lo citerò perché passerei ore a copia-incollarti frasi sue, mi basta il titolo di un suo libro: Perché oggi non è possibile una rivoluzione.

Vuoi rispondere tu a questa domanda che io intanto guardo due reel?

Dialogo 5
Non ti fidare di un filosofo che non balla

RICK DUFER

Tuo nonno era una persona saggia. Io la sua frase la ripeto spesso, con una formulazione differente: «Produci cambiamenti quando ti sembra che tutto vada bene». Ovvero: agisci per accrescerti prima che le circostanze te lo impongano in modo violento. Studia prima che il non aver mai studiato te la faccia pagare; impara a parlare bene prima che la tua incapacità di formulare frasi di senso compiuto inizi a pesarti; lavora su te stesso prima che la vita ti faccia capire che hai perso troppo tempo senza darti importanza. E così via, è una regola fondamentale che mi sono dato e mi ha fatto un gran bene.

Per quanto riguarda la «missione da compiere» a cui hai accennato, cosa intendiamo dire? Perché se la missione è quella di salvare il mondo, di vincere una guerra o di inventare la penicillina, senza dubbio pochissimi ce l'hanno. Ma per me dovrebbero essere obiettivi molto più normali: essere un buon genitore, dedicare del tempo alle proprie passioni, saper svolgere bene i compiti che mi sono stati affidati, stare vicino al mio amico che ha perso l'amore della sua vita, scrivere delle buone risposte al mio amico dj che mi lancia titoli di Byung-Chul Han. Per me, le missioni da compiere hanno poco a che fare con il cosmo, con l'infinito o con l'eternità, e moltissimo a che fare con il proprio quartiere, la famiglia, gli amici. Il problema dell'intrattenimento di massa è che ci ha fatto venire lo schifo per la normalità: nessuno diventa famoso facendo il panettiere, anche se senza il mio panettiere che si sveglia alle quattro del mattino per rendermi felice io probabilmente darei di matto; nessuno entra nella leggenda raccogliendo la mia immondizia dalla strada, ma senza qualcuno che lo faccia con responsabilità dovrei trasferirmi nella ISS, la Stazione spaziale internazionale (e anche lì spero che qualcuno raccolga i miei rifiuti, altrimenti è un macello); nessuno viene inscritto nelle pagine della storia perché ascolta la confessione di un ragazzo che si è tenuto dentro un sacco di merda per anni. Nessuno fa più il pubblico perché nessuno vuole più rivestire il ruolo della normalità, e questa è una tragedia.

Sono stato in vacanza nei giorni scorsi e di nuovo ho avuto una terribile impressione: moltissime persone non vivono più le esperienze belle per viverle, per poterle ricordare, per accrescere il proprio bagaglio. Le persone vivono le esperienze per registrarle con il cellulare e postarle sui social. Se fai qualcosa di bello ma non lo registri con lo smartphone, è come se niente avvenisse. Se vedi un paesaggio maestoso e non lo posti su Instagram, non lo hai davvero visto. Se vivi la normalità ma non la rendi spettacolare agli occhi dei tuoi conoscenti, non l'hai vissuta veramente. Forse, in realtà, è ancora peggio di così: l'anno scorso sono stato invitato dal mio grande amico Elio Biffi al concerto dei Pinguini Tattici Nucleari all'Arena di Verona. Accanto a me c'era un ragazzino di dodici-tredici anni con i genitori, forse amici o parenti di qualcuno del gruppo. Sembrava un ragazzo intelligente, appassionato e spiritoso. Ha passato l'intero concerto a registrarlo con lo smartphone. L'intero concerto: due ore e mezza passate a vederlo dallo schermo, anziché ballare come ho fatto io. I genitori hanno provato un paio di volte a dirgli: «Ma non balli? Non ti diverti?» e lui li ha osservati come fossero degli alieni, come se non avesse capito la domanda. Nella sua testa la domanda non ha senso: un'esperienza la vivi se la registri, altrimenti come fai a sapere di averla vissuta? Mi pare ovvio che il ragazzo non ha registrato il concerto per mostrarlo agli amici: nessuno vedrebbe due ore e mezza di concerto, registrato pure in qualità discutibile, sullo schermo di un telefonino. Non lo ha nemmeno registrato per postarlo sui social: in quel caso gli sarebbero bastati tre o quattro video di un minuto, o magari le due canzoni che preferiva. Invece, ha registrato tutto, perché voleva viverlo. Lui lo ha vissuto perché lo ha registrato.

Vorrei farti notare l'abisso di questo atteggiamento. Quel ragazzo (e come lui milioni d'altri, adulti compresi, che forse è ancor più preoccupante) non crede più nel valore dell'esperienza, sia vissuta sia ricordata. Non si fida della propria memoria, della testimonianza che ne farà, del racconto che i suoi amici ascolteranno. Quel ragazzo non possiede più uno smartphone come estensione del sé: è lui un'estensione dello smartphone. Il telefono ha vissuto quel momento, in un modo distorto e sinistro, attraverso il ragazzo. Il concerto non era qualcosa da vivere, da ballare e cantare, da raccontare e ricordare, da incastonare nella memoria. Il concerto era, prima di tutto, una serie di dati registrati su una memoria attraverso un microprocessore: il ragazzo è stato il treppiedi del suo telefono.

Dal mio punto di vista, la normalità muore

lì. Non sappiamo più godere di un abbraccio vissuto lontano dalle videocamere, non siamo più grati di poter provare esperienze private, grandi o piccole che siano, non vogliamo più la quotidianità fatta di confidenze, intimità e piccolezze. Se la vita non è leggendaria, se la vita non è registrata, se la vita non è intrattenente, famosa, visibile, cosmica, noi non la vogliamo. Dobbiamo vivere solo esperienze da registrare, ma quando le registriamo non le viviamo. La rivoluzione oggi? Tornare a ballare a un concerto, andandoci senza smartphone.

*

WAD

Intanto la bella notizia è che anche i filosofi ballano. Questo è magico. Ho ballato breakdance per diversi anni e ho scoperto la profondità della musica attraverso la danza, il pavimento, grazie a quel tipo di sudore.

La passione sa essere anche piacevolmente dolorosa.

Trascorro diverse ore della mia vita nei club a ballare e far ballare la gente e sono sicuro al cento per cento che sia forte e solido il concetto di democrazia del ballo. Intendo, sul dancefloor *siamo tutti uguali, non esistono differenze. È un pensiero libero quello lì, un partito politico senza politica, che unisce tante persone. Ballare, nel senso di muoversi su una qualsiasi musica, oggi più che mai è un atto ribelle e, come disse uno famoso in un film: «Una rivoluzione senza un ballo è una rivoluzione che non vale la pena di fare».*[11]

Caro Rick, quando parli del valore dell'esperienza capisco esattamente cosa intendi. Allo stesso tempo, penso che sia giusto che ognuno si diverta come vuole, magari anche trasformandosi nel treppiedi del proprio cellulare. Certo, poi noi possiamo dire: che palle!

Non riesco a reputarlo normale, ma succede, esiste, è così, va così. Che poi non so più cosa sia la normalità; a quelli come me non è mai

[11] *V per Vendetta*, regia di J. McTeigue, 2005.

piaciuta e probabilmente non le siamo mai piaciuti nemmeno noi. E se è vero che l'antidoto è sempre nel veleno, vorrà dire che impareremo in qualche modo a esorcizzare questo trend di filmare la vita piuttosto che viverla. Una soluzione «deve» esserci.

La magia che ci caratterizza come esseri umani in qualche modo dovrà riemergere. Tornare di moda. Un tempo si chiedevano: «Come ti sentiresti se una versione migliore di te vivesse la tua vita?». Oggi ci dovremmo chiedere: «Come ti senti ora che una versione migliore di te racconta di vivere una vita migliore di quella che vivi?».

La verità è che ti senti di merda, ma non puoi nemmeno più dirlo in pubblico. E ora fa il suo ingresso la tanto osannata espressione simbolo di questi ultimi anni: ladies and gentlemen, *ecco a voi la «salute mentale».*

L'umanità si ammala quotidianamente mentre fa tutto il possibile per guadagnare l'apprezzamento di chi ha intorno, fisicamente e digitalmente. Questo impulso ruba solo tempo ed energia, banalmente perché a chi abbiamo intorno non interessa niente di noi. Questo mondo è individualista come non lo è mai stato prima. E quindi, un primo step verso la soluzione potrebbe essere smetterla di vivere i sogni degli altri. È meglio andare in un posto bello e goderselo o in un posto bello per dire che ci sei andato?

Sicuramente, e perdona la frase trita da mental coach *su TikTok, è meglio proteggere la propria energia in ogni modo possibile. Scusa se mi dilungo su questo ma vorrei fare una breve lista di attività che andrebbero fatte anziché filmare e postare la vita che ci succede per attirare l'attenzione degli altri e guadagnare il loro apprezzamento, o meglio, diciamoci la verità, per suscitare la loro invidia.*

Per esempio: camminare e perdersi; ritrovarsi senza il navigatore del telefono; mangiare la pasta al forno in famiglia; ascoltare le canzoni che ti ricordano da dove vieni; fare l'amore; dedicarsi al proprio corpo; guardare film; leggere un po' di più; magari anche scrivere, tipo noi ora; imparare degli esercizi di respirazione; costruire progetti con persone vere; essere persone vere; andare a New York; tornare a New York; fare meditazione anche se ti ci addormenti; dormire abbracciando qualcuno; amare; essere gentili; telefonare più spesso ai propri genitori; vedere gli amici di sempre, quelli di quando potevi essere tutto; essere tutto.

Ecco, invece di filmare e postare, dovremmo proprio imparare di nuovo a essere umani, a essere spontanei, a non pensarci sempre dietro la telecamera. A essere tutto.

*

RICK DUFER

Intanto, caro mio, mai fidarsi di un filosofo che non balla. Anzi, mai fidarsi di un filosofo che non sa divertirsi, che non sa perdere il controllo nei contesti in cui è bello farlo. Mai fidarsi di quei filosofi tutti impettiti e sempre preoccupati di dare l'impressione del *savant* intellettualoide, con il terrore di essere presi per quello che sono veramente, ovvero esseri umani deragliati come tutti quanti.

Io ballo perché è la vita che mi fa ballare, è l'universo a farmi ballonzolare, e se non mi muovo di conseguenza allora non sono un filosofo ma uno stoccafisso. Ed è proprio ballando che ho iniziato a diffidare di quella cosa che mi hai detto tra le righe: «Ognuno trovi la propria normalità». Ecco, io su questo ci metto un piccolo asterisco e ti voglio spiegare perché.

Se da un lato è vero che il concetto di «normalità» è completamente artificiale e, aggiungerei, anormale, non è affermando che tutto quanto è normale che risolveremo questo paradosso (spero non ti sia venuto un brutto mal di testa leggendo questa frase). Quel che intendo è che ciò che è «normale» si lega comunque alla nostra struttura cognitiva, se non addirittura a quella biologica e storica. Detto altrimenti, la tua normalità non la inventi di sana pianta ma la scopri. Faccio un esempio: prendi un ragazzo dal carattere introverso, che tende alla depressione e all'autocommiserazione, il quale vede un amico spigliato, estroverso e magari un po' superficiale che sembra trarre grande beneficio dalla produzione di contenuti spensierati su Instagram. Se il primo ragazzo si convince che la «normalità» del secondo può essere anche la sua «normalità» e decide di imitarlo, rischia di farsi male: quella normalità, che è artificiale e assolutamente relativa, non si attaglia alla sua realtà, e per lui può funzionare solo e soltanto se si inventa una personalità diversa, una storia diversa, un carattere diverso. Ovvero, se per adottare quella normalità che a lui sembra così appetente deve stravolgere il suo quotidiano, la normalità si trasformerà velocemente in disastro. Un altro esempio: una donna a cui piacciono la letteratura e il teatro si innamora di un uomo a cui piacciono lo sport e i reality. Non fraintendere, non ci sono giudizi di valore in questo esempio: sono due normalità diverse, né migliori né peggiori l'una dell'altra. Ognuno di loro ha interiorizzato una serie di atteggiamenti, comportamenti e abitudini che si adattano alla propria personalità, ai propri desideri e alle proprie caratteristiche peculiari. Sì, sto iper-semplificando, ma prova a seguirmi. Se lei si convince che per far funzionare la relazione deve interessarsi di sport e reality, abbandonando letteratura e teatro (o viceversa, lo stesso discorso vale per lui), rischia di cadere in un brutto circolo vizioso, nel quale non si sentirà più sé stessa e nemmeno apprezzerà più l'altro. Ecco, la normalità di ognuno va bene fintantoché non prende il sopravvento convincendoci di poter vivere la vita di qualcun altro.

Io cerco di essere molto cauto su queste cose, ma mi pare chiaro che tante normalità inventate esistano non perché abbiamo scoperto come siamo fatti, ma perché ci piace l'idea di essere accettati. A quel punto, millantiamo di essere chi non siamo, di avere interesse per cose che odiamo, di appartenere a gruppi che non ci conoscono e in cui non ci riconosciamo. Così la «normalità» inghiotte la nostra realtà e finiamo per vivere in una finzione che, troppo spesso, viene amplificata da quel megafono di illusioni che è il mondo social. Dire che ognuno ha la propria normalità non dovrebbe mai essere slegato dall'idea che ogni persona non inventa ciò che è, ma piuttosto scopre come è fatta e in qualche modo adatta la propria normalità a ciò che ha scoperto. Inoltre, la scoperta non finisce mai, quindi la normalità sarà sempre in evoluzione. Osservando intorno a me, e anche vivendo nel mondo degli influencer, questo mi è apparso chiaro come la luce del sole: sono tantissime le persone, anche famose, che hanno inventato una normalità in base a ciò che gli altri – spesso un pubblico di volti sconosciuti – si aspettano o, peggio, a quanto pensano che gli altri si aspettino da loro, che è ancor più terribile.

È questo che porta alcuni a trasformarsi nel treppiede del proprio smartphone: se vivi di normalità virtuale, perché non hai fatto neanche un passo verso la scoperta di te stesso, l'unica cosa che potrai fare è consegnare il mondo ai tuoi strumenti di proiezione. Non è affatto una buona normalità andare a un concerto e filmare tutto invece di ballare. Questo non lo dico io, lo dice una serie di studi scientifici che dimostrano come il dinamismo fisico sia parte integrante dell'esperienza del mondo, e lo schermo non può sostituirlo in nessun modo. Non è affatto una buona normalità vivere nel tentativo di convincere le persone di essere qualcuno che non sei: estroverso quando sei introverso, coraggioso quando hai un sacco di paure, affidabile quando non hai idea di cosa stai facendo, un superuomo o una superdonna quando invece sei solo un piccolo individuo sperduto nel mezzo di un universo troppo grande, come tutti. Non è una normalità sana voler appartenere a un gruppo soltanto perché da soli non si sta bene, così come non è una normalità sana convincersi di dover stare da soli perché abbiamo avuto qualche brutta esperienza con gli altri. E, ti faccio degli esempi, non è una buona normalità avere la tua ragazza su

OnlyFans per evitare di ricevere porte in faccia quando ti innamori; non è una buona normalità guardarsi quindici recensioni di un film per decidere se andare a vederlo al cinema o meno; non è una buona normalità rinchiudersi nel metaverso solo perché nell'universo ti trovi un po' a disagio, perché è scomodo, freddo e incasinato. Potrei continuare per ore con l'elenco delle assurde normalità inventate di cui sono stato testimone, ma il punto è questo: hai fatto la fatica di scoprirti? Oggi è sempre più raro trovare qualcuno che voglia davvero scoprire sé stesso.

Sai perché mi piace ballare, pur non essendo certo un ballerino professionista? Perché io non voglio perdermi l'occasione di scoprire cose di me e, se lo voglio fare, quelle occasioni le troverò sempre fuori dalle zone di comfort delle mie normalità.

Qualche giorno fa ero a un festival estivo, il Brintaal. È un festival di musica e cultura celtica, bellissimo, che si tiene in Veneto e a cui partecipo spesso. C'era un gruppo fantastico che faceva ottimo celtic punk rock: gli A.K.A.B., francesi. Mi sono messo in mezzo alla pista insieme alla mia compagna e abbiamo ballato in modo forsennato: c'erano persone intorno a noi che mi conoscevano e strabuzzavano palesemente gli occhi. Uno di loro mi ha detto: «Non avrei mai pensato di vedere Rick DuFer così scatenato a ballare punk rock» e io ho riso di gusto, perché disattendere le aspettative altrui è un ottimo segno del fatto che non ti sei accontentato della normalità acquisita.

Rick DuFer è filosofo, intellettuale, scrittore: come potrebbe mai la sua normalità portarlo a ballare in modo scatenato, tutto sudato, ridendo e facendo il matto? E invece, proprio perché la mia realtà eccede le mie normalità, certe cose vanno fatte e sperimentate. Vuoi scoprire veramente come sei fatto? Non lo farai tenendo in mano un cellulare e vivendo il mondo attraverso lo schermo, lo farai ballando come uno scemo senza porti il problema delle aspettative altrui. Allora lì avrai scoperto cose nuove di te e del mondo e la tua normalità di domani sarà più adatta a te, a quel che sei veramente, alla realtà che ti porti dentro.

Prima o poi dobbiamo andare a ballare.

*

WAD

Essere me stesso è proprio il mio film preferito. Ma non è un film facile. Ho tracciato nel tempo, come credo tutti, un confine abbastanza definito, a volte flessibile e a volte rigido, che poi gli esperti chiamano comfort zone.

Sono d'accordo che la comfort zone sia quello che ti impedisce di fare la vita che vuoi fare davvero, ma a volte non trovo la chiave per sbloccare l'ingranaggio e mi ci perdo dentro. Parlo con molte persone e percepisco che per quasi tutti sia così. Sottolineo però la parola «percepisco», perché è appunto una percezione, e sappiamo quanto possa essere crudele il divario tra percezione e realtà.

In quello scenario comunicativo di cui parli effettivamente, la tutela della normalità non attira granché l'attenzione. Per questo, forse, la chiave per sbloccare l'ingranaggio è la personalità. Personalità è per certi versi il contrario di normalità. Ma normalità non è sempre essere sé stessi. Dire «io sono sempre me stesso» è una paraculata, un po' come quelli che si trincerano dietro il «io dico sempre quello che penso».

Hai mai conosciuto una persona che afferma di non dire quello che pensa?

Forse non è il periodo storico ideale per essere sé stessi, perché non ha più un significato vero, attendibile, legato alla realtà, e perché molto spesso non ha grande riscontro sui social. Chi ci crede che sono me stesso? O che sei te stesso? Chi può saperlo davvero? Solo io di me, o tu di te. Per gli altri sarà sempre di più una messa in scena.

Però tra le parole «personalità» e «normalità» c'è qualcuno che ha spruzzato un'altra parola importante, decisiva, e cioè: «energia». Le vibes, *per capirci meglio. Pochi giorni fa mi sono imbattuto, su internet, in una riflessione di Mario Benedetti, poeta uruguaiano figlio di immigrati italiani. Te la copio-incollo perché la sento mia:*

«Mi piace la gente che vibra, che non ha bisogno di essere spinta, a cui non devi dire di fare le cose, ma che al contrario sa quello che c'è da fare e lo fa, la gente che coltiva i propri sogni fino a quando tali sogni si impadroniscono della realtà stessa.

«Mi piace la gente che ha il senso della giustizia, che lotta contro le avversità, la gente sincera e franca, capace di opporsi con argomenti ragionevoli alle decisioni degli altri, mi piace la gente capace di criticarmi costruttivamente e di fronte, senza ferirmi.

«Mi piace la gente capace di assumersi le conseguenze delle proprie azioni. Mi piace la gente che conosce l'importanza dell'allegria e la diffonde, la gente che ci insegna a prendere la vita con buon umore, mi piace la gente che non perde mai il suo lato bambino.

«Mi piace la gente che non sparisce quando si tratta di raggiungere obiettivi e idee, la gente che non si vergogna di riconoscere di essersi sbagliata o di non sapere qualcosa, mi piace la gente che, nell'accettare i propri errori, si sforza di non commetterli più.

«Mi piace la gente che cerca soluzioni, la gente fedele e persistente, la gente che ha personalità e dà il meglio di sé, mi piace la gente che aiuta generosamente senza sperare niente in cambio.

«La sensibilità, il coraggio, la solidarietà, la bontà, il rispetto, la tranquillità, l'allegria, l'umiltà, la fede, la felicità, il tatto, la fiducia, la speranza, la riconoscenza, la sapienza, i sogni, il pentimento e l'amore verso gli altri e verso sé stessi, sono cose fondamentali per chiamarsi "gente".

«Con gente come questa mi impegno per qualsiasi cosa per il resto della mia vita, dal momento che, per il semplice fatto di tenerla al mio fianco, mi sento ben retribuito».

Tutto giusto, manca solo il concetto di ballo e poi per me, che sono un essere umano «base», raggiunge la sua perfezione. Magari per te che sei filosofo, e che per questo hai tanta barba, non è così giusta.

A proposito, già che ci siamo: qual è il confine tra essere umano «base» ed essere umano filosofo?

Dialogo 6
Nietzsche che dice?

RICK DUFER

Non hai idea di quanto mi sta sulle palle chi dice: «Io sono me stesso». E sai a chi non piaceva questa frase fatta? A Nietzsche. E la odiava al punto da aver trasformato il celebre motto socratico «conosci te stesso» in «diventa te stesso». Pensaci bene, è una piccola rivoluzione: «conosci te stesso» presuppone che «te stesso» sia una cosa definita, monolitica, unitaria, che a un certo punto puoi conoscere in tutto il suo splendore e terrore. «Conosci te stesso» vuol dire che alla fine della ricerca c'è una meta, la meta dell'aver appreso perfettamente chi e cosa diavolo sei.

Ma, mi chiedo, Socrate ha conosciuto sé stesso? Forse sì, e ti direi proprio bevendo la cicuta. La formula di Nietzsche, «diventa te stesso» (o meglio: «divieni ciò che sei», «*Wie man wird, was man ist*»), è un potente controcanto che afferma una delle cose più inaccettabili mai espresse da un filosofo prima di allora: non conoscerai mai te stesso, non sarai mai te stesso, perché tu sei l'inesausto atto di ricerca di qualcosa che cambia continuamente.

Sai, noi filosofi amiamo molto il concetto di divenire. La differenza tra un essere umano «base» e un essere umano filosofo – mi vengono i brividi a scrivere questa cosa, ma seguo il tuo *flow* – è che il secondo ha imparato a non dover arginare il divenire. Che, in soldoni, significa due cose: in primo luogo, non si illude mai che la ricerca di sé sia un percorso con una meta predefinita, e concepisce la propria vita come il risultato di un rimescolamento continuo di elementi complessi anch'essi in continua trasformazione. In secondo luogo, non dà troppa importanza all'identità, che di per sé è legata al concetto di identico, quindi stabile, non transitorio; ma è interessato alla ricerca di quello che tu chiami personalità e che io preferisco chiamare carattere. Ora ti spiego cosa significa per me.

«Personalità» è un termine ambiguo che contiene la radice di «persona», ovvero «maschera», «proiezione». Ognuno ha una personalità che è il risultato dell'incontro tra ciò che è e ciò che gli altri vedono di lui: ovvero tra la propria interiorità e l'immagine che gli altri hanno di quell'individuo. Il carattere, invece, è la parte più interiore, la parte irriducibile di quel che uno si porta dentro. La personalità è il risultato di relazioni, il carattere è la parte fondamentale che hai dentro e che ti tocca scoprire, volente o nolente. Se la personalità è l'indumento dell'animo, il carattere è la sua nudità. E, per me, il filosofo è colui che ricerca il carattere, che è l'immagine primigenia, pre-relazionale, quasi genetica di quello che uno è.

La personalità cambia in base ai contesti, alle opportunità e alle esperienze, puoi trasformarla a seconda di dove ti trovi, con chi hai a che fare, quali sono i tuoi obiettivi. Il carattere, invece, non puoi cambiarlo, o almeno non senza immenso lavoro e fatica. È il tuo bagaglio preistorico, la parte viscerale che ti compone intimamente, che va ben oltre tutto quello che hai la possibilità di modellare di te stesso. Ecco, quella parte è l'elemento che non puoi conoscere ma in cui puoi trasformarti, scoprendolo.

E ora mi chiederai: «Va bene, ma come si fa a scoprire?».

La risposta è dura da accettare, ma spiega bene quanto dicevo prima in merito alle zone di comfort. Mentre la personalità, allo stesso modo dell'abbigliamento, della maniera di parlare e dello stile, la costruisci come progetto in base a quel che vuoi essere, a come desideri venire percepito, il carattere lo scopri attraverso l'abrasione. Ovvero non lo costruisci, ma lo scopri proprio quando la vita ti scava di dosso le parti non essenziali, il superfluo, le maschere. Emerge quando le esperienze terribili, ma anche quelle sublimi, tolgono di mezzo le finzioni e le illusioni di cui ti eri ammantato. Il carattere è la forma primigenia di te stesso che si nasconde sotto alla personalità, alle maschere, ai vestiti, alle abitudini, alle proiezioni, alle relazioni, alle opportunità, e così via. Tanto per parafrasare un modo di dire molto in voga, il carattere è la statua che si celava dentro al blocco di marmo, è il *David* che si trovava sempre dentro la roccia, ma serviva l'abrasione dello scalpello di Michelangelo per farlo emergere. Solo che, a differenza del *David*, noi non abbiamo a disposizione un Michelangelo, con il suo talento e con in mente un'opera d'arte, per far emergere la statua che nascondiamo. È la vita, con il suo carico di scottature, traumi, difficoltà e sfide, che scava il marmo e fa emergere, spesso scompostamente e dolorosamente, il carattere, la statua, il tuo *David*.

Mentre elementi come la personalità, l'identità, lo stile, le abitudini si costruiscono positivamente, quindi aggiungendo, amalgamando, incollando e soppalcando l'animo, il carattere lo si scopre erodendo, levigando, rompendo, spaccando, attraverso quello che la vita ci getta addosso. E più cerchi di nasconderti dalle abrasioni, più il tuo carattere emergerà contro di te e non come tuo alleato. Non puoi davvero scegliere se scoprire o no il tuo carattere, perché il fatto stesso di esistere romperà le tue illusioni, portando alla luce proprio il carattere: se l'avrai cercato e desiderato, si presenterà a te come la parte più intima che ti compone; ma se ti sei nascosto e lo rifiuti, ti si presenterà come un demone terribile che manderà all'aria la tua vita fasulla fatta di fantasmi.

L'abrasione non è un optional. La vita ti scava, erode e sconquassa anche se non lo vuoi. Perdiamo chi amiamo e ci ha amati, falliamo nei progetti più importanti, ci ammaliamo e ci rompiamo di continuo, soffriamo e paghiamo le conseguenze delle nostre debolezze, e ciò accade anche se fingiamo di non vedere, anche se guardiamo dall'altra parte. L'abrasione avviene comunque, il marmo viene scalpellato, quel destino che chiamiamo Michelangelo scioglie i nostri nodi e fa emergere il carattere. A quel punto, se hai fatto come Nietzsche e hai vissuto l'abrasione come tentativo di diventare te stesso, ovvero ascoltare tutto ciò che ti permetteva di disfarti delle illusioni, sarai stato un buon filosofo e accetterai senza problemi quel carattere che il destino ti ha messo dentro al blocco di marmo. Altrimenti sarai stato un essere umano «base» che continuerà a rifiutare il proprio carattere, pensando che lo scultore che è l'esistenza poteva anche farsi i fatti propri.

Sai qual è la scoperta più dirompente, quando guardi le cose in questo modo? Che te stesso corrisponde proprio all'abrasione, al divenire, allo scavo continuo che toglie di mezzo il superfluo. Te stesso non è una cosa ma è un evento: l'azione stessa di erodere il marmo. Così come l'artista non è l'individuo né l'opera, ma l'atto stesso di creazione. Così come dio, in molte religioni, non è il creatore né il creato, ma l'atto stesso di creazione, che è una continua trasformazione, un mutamento costante. E tu, tu non sei WAD e non sei queste parole che scrivi, ma sei la distruzione di tutto ciò che compone le tue illusioni, continuamente.

Vedi, uscire dalla zona di comfort significa accettare il divenire che uccide tutte le illusioni, perdere le maschere e accogliere la realtà scomoda del proprio carattere. Significa diventare sé stessi, e lasciar entrare l'abrasione. Un bel casino, insomma.

Forse è per quello che spesso i filosofi muoiono giovani e, quando non muoiono giovani, qualcuno li ammazza.

*

WAD

Sarò breve: Nietzsche è un bro. Non mi sento di aggiungere altro.

Come reagirebbe a quest'epoca così iperconnessa e iperdepressa?

*

RICK DUFER

Domanda veramente complicata. Ogni volta che qualcuno mi chiede come un dato filosofo vivrebbe oggi certe situazioni mi sento arrogante nel dovermi mettere nei suoi panni. Però proviamoci, per amore di questo gioco intellettuale.

Oggi Nietzsche sarebbe molto arrabbiato. E lo era anche nella sua epoca, quindi non cambierebbe un granché. Oggi lo sarebbe perché si accorgerebbe che tanti dei problemi che denunciava ai suoi tempi non solo sono ancora presenti, ma si sono pure ingranditi. Prendi per esempio la distinzione tra morale degli schiavi e morale dei padroni: lui vedeva da un lato le persone deboli, che vivono di vittimismo, che non hanno un estro creativo e quindi sono piene di frustrazione, rancore e invidia. Queste persone non possono far altro che tentare di tirare giù coloro che invece provano a innalzarsi. Dall'altro, gli individui che non si accontentano del presente, che tendono verso qualcosa di migliore, che creano con il proprio talento novità e meraviglia, e che non sanno accettare il presente così com'è, ma vogliono diventare sé stessi, scoprire di più del mondo e della vita. I primi sono schiavi perché non possono far altro che re-agire a ciò che c'è già. Il loro unico scopo è parassitare pensieri, idee, esistenze ed energie che altri forniscono e producono, e pur attaccandovisi in modo spasmodico le odiano, le contestano, le vogliono veder scomparire. I secondi sono rappresentati dagli artisti, che scavano e, attraverso l'abrasione, riescono a far emergere il carattere, il *David*, direttamente dal blocco di marmo. Questi altri sarebbero i padroni.

Non si tratta dunque di schiavi-padroni nel senso in cui gli uni sono i padroni degli altri. Piuttosto, gli schiavi sono tali perché incatenati a pregiudizi, debolezza, paura e frustrazione; gli altri sono padroni di sé, capaci di indirizzare la propria vita in modo libero e vivace. Questa suddivisione che, mi pare ovvio, è una grande semplificazione, come lo è sempre una metafora, esiste dalla notte dei tempi. Ma oggi mi sembra si sia ulteriormente acuita. Poco fa dicevi che ormai non c'è più pubblico e tutti sono (o vogliono essere) *creator*: è vero, ed è proprio questo che genera frustrazione. Tutti vogliono essere i modelli che vengono spacciati come perfetti e invincibili, ma senza aver capito se quei modelli sono davvero adatti alla loro vita. E così reagiscono, ovvero agiscono non creativamente, ma reattivamente, e questo li porta a non comprendere sé stessi, a vivere una vita che non è la loro, a fingere di essere qualcuno che non sono. Questi sono gli schiavi, e sono sempre di più, sempre più rumorosi, sempre più frustrati. Le ragazze crescono pensando che o sei Taylor Swift oppure la tua vita non vale nulla, e ciò le porta a essere schiave di un modello pregiudizievole proprio perché non tutte possono essere Taylor Swift. Ma non perché lei sia meglio: lei è semplicemente diversa e, con ogni probabilità, costruita in gran parte a tavolino. I ragazzi crescono con l'idea che devi essere Andrew Tate, altrimenti sei uno sfigato. Devi avere molte donne, molti soldi, molto successo, un carattere spigoloso e determinato, e via dicendo. Ma non tutti sono così, è impossibile. Perciò finiscono per sviluppare una frustrazione terribile, cadendo preda della morale degli schiavi.

L'ho anche scritto nel mio ultimo libro, *Critica della Ragion demoniaca*. L'assenza di modelli reali, nel senso di modelli che ci siano vicini, che siano veramente amici, da cui possiamo davvero prendere esempio, favorisce la costruzione di modelli irreali. Questi sono uguali per tutti e soprattutto non sono esempi, ma dittature psicologiche. Tale aspetto, dal mio punto di vista, ha rafforzato il concetto di contrasto tra la morale degli schiavi e la morale dei padroni di Nietzsche. Oggi sono veramente pochi a poter dire con onestà, davanti allo specchio: «Sono padrone di me stesso». Perché tantissimi, sempre di più, sempre in più giovane età, cadono preda di modelli superstiziosi e illusori che distorcono il nostro riflesso al punto che, allo specchio, non vediamo più noi stessi ma un mostro.

Una persona che allo specchio vedrà solo un mostro svilupperà tutte le caratteristiche che Nietzsche riscontrava nella morale degli schiavi: menzogna a ripetizione, incapacità di affrontare la realtà della vita, fuga nelle bugie di religioni e superstizioni, maschere su maschere, frustrazione, rancore e volontà non di innalzare la propria vita prendendo a esempio modelli positivi, ma di buttare giù quella degli altri perché ci ricordano la nostra debolezza. Sai qual è la cosa peggiore? Che il sistema educativo, tanto quello scolastico quanto quello familiare, oggi non fa che reiterare questo meccanismo, avendo completamente smesso di educare i giovani a quei valori che invece dovrebbero renderli padroni delle proprie scelte: il coraggio, l'onestà, la solidarietà e l'empatia.

Questo faceva arrabbiare Nietzsche ma, devo essere sincero, fa arrabbiare anche me.

*

WAD

È proprio saggio e sexy pensare che valorizzare le differenze possa a sua volta fare la differenza. Ma sarebbe una scelta estremamente coraggiosa e rischiosa per il periodo in cui viviamo. E in palio c'è l'accettazione. Tutti siamo ossessionati dal sentirci accettati da una o più bolle di questa società.

Continuiamo a rifiutare noi stessi, la storia, il futuro, la bellezza. Ciò che siamo diventa ciò che non saremo mai. Sappiamo solo come si fa la ricerca, ma non conosciamo il tema. Non conosciamo il fascino. Inseguiamo l'arte di farsi dire di sì senza aver posto alcuna domanda esplicita. Cerchiamo scorciatoie per percorsi che nemmeno ci interessano, ma solo perché così si fa.

La capacità di valorizzare al meglio quello

che abbiamo e quello che siamo, o possiamo essere, è ciò che distingue una persona dall'altra. Ma come si definisce oggi quello che abbiamo, cioè quello che siamo? Se dovessi guardare, per esempio, allo scenario artistico italiano che abbiamo attorno vedo, e molti osservatori come me, un grande allineamento. Per non dire una grande omologazione, come abbiamo detto prima. O, peggio ancora: anestesia.

C'è stato un tempo in cui ce lo hanno soltanto raccontato film e canzoni e opere d'arte, quando il sistema voleva la gente schiava e la risposta era la ribellione. Sociale, culturale, politica. Nella storia, tranne oggi, si è sempre creata una infrastruttura fantasma che lottava per preservare i valori di cui parli tu, e tramandarli. Ma quella costante resistenza necessitava di una vivace componente culturale. Provo a spiegarmi meglio: furono gli spirituals *che nutrirono le anime degli afroamericani durante l'incubo della schiavitù. Fu il* blues *che parlò della realtà dei neri ai tempi di Jim Crow, personaggio di fantasia simbolo della discrimina-*

zione razziale e della lotta all'emancipazione. C'è una poesia di Langston Hughes che spiega meglio di me la questione, si intitola Merry-Go-Round.

Where is the Jim Crow section
On this merry-go-round,
Mister, cause I want to ride?
Down South where I come from
White and colored
Can't sit side by side.
Down South on the train
There's a Jim Crow car.
On the bus we're put in the back—
But there ain't no back
To a merry-go-round!
Where's the horse
For a kid that's black?[12]

[12] L. Hughes, *Merry-Go-Round*, tratta da *The Collected Poems of Langston Hughes. The Estate of Langston Hughes*, Random House, New York 1994: Dov'è il posto per Jim Crow / Su questa giostra? / Signore, perché io voglio salire. / Giù nel Sud, da dove provengo, / Bianchi e neri / Non possono sedersi uno accanto all'altro. / Giù nel Sud, nel treno / C'è una carrozza apposta per Jim Crow. / Sulle corriere ci mettono dietro, / Ma qui non v'è un retro / Per una giostra! / Dov'è il cavallo / Per un bambino nero? (NdR).

Cosa stavo dicendo? Ah, sì, che la cultura ha sempre ispirato la rivoluzione. Furono le poesie di Federico García Lorca a sostenere i repubblicani in lotta contro i fascisti spagnoli. Musica, danza, teatro, arte, canzoni, dipinti: erano questi il fuoco e il motore dei movimenti di resistenza.

Quando e perché si è interrotta, se si è interrotta, questa dinamica? Forse quando internet ha reso il mondo tutto uguale, tutto sottomesso, tutto appiattito. Quantomeno nel gioco della rivoluzione, dell'influenza e del potere.

La musica, per esempio, nella migliore delle ipotesi è diventata semplice intrattenimento. E sembra aver intrapreso una parabola discendente al punto che, qualche sera fa, un artista molto influente oggi mi ha chiesto: «Secondo te nel 2040 si ascolterà ancora musica?».

Bella domanda. Ma non voglio pensare alla risposta.

È divertente riversare il pensiero dei grandi filosofi del passato sugli atteggiamenti più dif-

fusi nell'epoca in cui viviamo. Giochiamo a «Facciamo che io sono...?». Come i giochi dei bambini, che poi altro non sono che del sacrosanto cosplaying. *Quindi, facciamo che io sono Bello FiGo e tu Nietzsche.*

Ecco a voi l'intervista definitiva del lolrapper Bello FiGo al fi-lol-sofo Nietzsche.

Bello FiGo: «Ciao Friedrich, stavo martellando e ho pensato a te. Qualche anno fa ho scritto una canzone che si intitola Ho la macchina. *Vorrei sapere cosa ne pensi del testo, tipo quando dico:*

Chiunque sale nella mia macchina
Giuro che paga benzina
Così, così impara, impara a non avere macchina
Grazie a Dio io non lavoro
Non ho voglia di fare operaio

«Che ti sembra? Son curioso. Torno a mangiare pasta con tonno. Oggi, qui in Italia, tutti sanno che mangio pasta con tonno. Un abbraccio».

*

RICK DUFER

Nietzsche era affascinato dai contro-canti, dalle tendenze che mandano all'aria le aspettative dell'ascoltatore. Ammirava l'opera di Wagner, *Tristano e Isotta*, perché il tema non si risolve mai in una pacificazione, ma sviluppa sempre un controtempo, una discordanza, proprio dove l'ascoltatore attende una risoluzione. Per Nietzsche la musica di Wagner era divina perché rappresentava il modo in cui la vita, sempre, sorprende e manda all'aria le nostre aspettative con i suoi contro-canti. Non so se di fronte a Bello FiGo avrebbe provato la stessa ammirazione, non credo. Ma non c'è dubbio che ci sia, nella musica di questo artista e di molti altri, una traccia lontanissima e opaca di quel contro-canto che dovrebbe mandare all'aria le nostre aspettative. Non è stata forse la trap il tentativo (direi fallito) di creare la dissonanza in un mondo in cui la musica va sempre in quattro quarti, lineari e omologatissimi? Non era Young Signorino l'atto di accusa nei confronti di una musica canonizzata in modo ormai sclerotizzato? Il tentativo è fallito, sia chiaro, ma c'è stato.

Ecco, io credo che oggi ogni cosa si sia trasformata in consumo: musica, arte, cinema, comunicazione, persino filosofia, tutto è diventato consumo. E quando succede, il contro-canto, quella dissonanza necessaria a non accontentarsi di «quel che c'è», viene inghiottito e perde significato. Il consumismo si regge infatti proprio sull'aspettativa rispettata e realizzata: io consumo ciò che corrisponde alle mie aspettative, non certo quel che mi permette di crescere. Io posso utilizzare «quel che c'è», non «quello che potrebbe esserci». Il consumatore è necessariamente qualcuno che si accontenta. E in quanto tale si accontenta di quel che già c'è e rigetta qualsiasi forma di immaginazione, di slancio oltre l'ostacolo, di contro-canto. Usiamo citazioni di Osho e Buddha, melodie decontestualizzate di Bach e Christina Aguilera, pagine di David Foster Wallace e meme dell'ultima ora. E in questo processo tutto diventa fruibile, perché il vero materiale di consumo è la persona stessa.

Nel mio ultimo libro[13] ho definito questo fenomeno autoconsumo: quando tutto diventa omologato e insignificante, ciò che viene consumato sei tu. Il tuo tempo, che viene ridotto a scrolling; la tua identità, che viene ridotta ad appartenenza; i tuoi gusti, che vengono ridotti a trend. Siamo diventati l'oggetto di consumo finale del vuotismo selettivo: lentamente, accontentandoci di «quel che c'è» già, vengono consumati il nostro tempo, il nostro io, i nostri desideri, il nostro futuro, il nostro passato. Questo è il risultato finale del veleno delle aspettative. Se dal mondo ti attendi solo qualcosa che soddisfi i tuoi bisogni e le tue previsioni, finirai per essere con-

[13] R. DuFer, *Critica della Ragion demoniaca*, cit.

sumato nel già detto, nel già sentito, nel già ripetuto.

Guarda dove siamo arrivati: persino le tragedie del mondo diventano immediatamente prodotti consumabili. Dal *True Crime*, che trasforma l'omicidio di una bambina in un prodotto per la tv, alla guerra in Ucraina o in Palestina, che diventano occasione di popolarità e visibilità per gli opinionisti del consumo: tutti finiscono per ascoltare, guardare, assentire, esaltarsi solo di fronte a ciò che li autoconsuma, fornendo sempre opinioni omologate, espungendo dall'orizzonte qualsiasi possibile dissonanza, contro-canto, rivoluzione.

Nietzsche era innamorato della tragedia greca perché si trattava di un racconto che ricordava all'Umanità quanto l'esistenza fosse dissonante, mai pacificata, sempre complessa. La tragedia greca era proprio un contro-canto a cui il popolo si esponeva per capire quanto le discordanze delle storie fossero uguali a quelle della vita: non c'è un'opinione giusta o sbagliata, non ci sono i buoni e i cattivi, non c'è il dramma che si risolve in commedia, non c'è la guerra che finisce nella pace, perché il mondo è ciò che sfugge sempre alle nostre aspettative. E ciò che sfugge alle aspettative non lo puoi consumare: puoi solo arrendertici.

Oggi noi siamo consumatori perché non vogliamo arrenderci, vogliamo sentirci più potenti della vita, più forti della morte, più in alto degli dèi. E, così facendo, finiamo per fare solo la figura degli stronzi.

Dialogo 7
L'ombra è un affare dannatamente oscuro

WAD

Sono in pieno trauma creativo. Ieri ho incontrato uno di quegli artisti simbolo della Golden age della trap italiana e, parlando del senso di denuncia, o di contro-canto come dici tu, tipico del genere, mi ha detto: «Siamo troppo compromessi. Se dici qualcosa contro un brand, quel brand non ti darà più niente. E questo meccanismo vale per la politica come per tutto. Quello che stiamo facendo è non dire più niente. Nessuno fa musica che cambia il mondo». E mi è crollata la terra sotto i piedi.

Quello.
Che.
Stiamo.
Facendo.
È.
Non.
Dire.
Più.
Niente.

Di questa frase, oltre alle parole in sé, mi distrugge la consapevolezza e anche un po' la tranquillità con cui le ho sentite pronunciare. Un cantante, anche se sa che ormai è così, quantomeno dovrebbe cercare di tenere acceso il misterioso approccio artistico. Dovrebbe provare a creare una distanza tra quello che dice e quello che, in un certo senso, saprebbe o potrebbe fare. Negli ultimi dieci, forse pure vent'anni, ha funzionato così: nessuno faceva musica che cambiasse il mondo, ma ci abbiamo tutti un po' sperato, nascondendoci dietro a questa speranza.

Mentre ora, guardaci: siamo seduti su delle immaginarie sedie di plastica bianche sfigatissime, tipo quelle di alcuni vecchi bar che inevitabilmente si rompono sempre quando ti ci dondoli sopra, felici e consapevoli di essere qui riuniti a non dire più niente.

Ma a me non sta bene.

Un conto è convivere con la delusione di una realtà non all'altezza delle nostre aspettative, motivo per il quale ci anestetizziamo su Instagram. Un altro conto è spegnere completamente anche la speranza che possa arrivare un Salvatore (Aranzulla) a indicarci la strada con un trucco che non avremmo mai potuto intuire da soli. Quello che voglio dire è che siamo messi così male che potrebbe anche funzionare una spiegazione aranzullesca del «come si potrebbe fare». Oppure un manuale didascalico su come si potrebbe cambiare il mondo in meglio invece di «vivere per vivere». Anzi, per sopravvivere. Per favore, qualcuno scriva immediatamente un manuale di come si vive oggi.

Sai che ti dico? Sfruttiamo la modernità. Pro-

vo a cercare su Google: «Come si cambia il mondo?». Tra i primi risultati c'è una guida pratica in diciotto punti, un articolo de La Stampa *su come è stato cambiato il mondo nel passato, e altra robaccia inutile.*

Ho posto ad Alexa la stessa domanda e mi ha risposto: «Purtroppo non so come aiutarti».

Nemmeno l'intelligenza artificiale sa come si fa.

Siamo fottuti.

*A volte vorrei svegliarmi in Giappone e conoscere una di quelle parole piene di senso che usano loro, tipo «*ukiyo*», il mondo fluttuante. Ma cosa vuol dire? Penso si intenda vivere nel momento, distaccati mentalmente dalle preoccupazioni della vita. Vivere, appunto, in un mondo fluttuante. Senza porsi troppe domande, senza cercare sempre un senso alle frasi, alle canzoni, alle grafiche, agli outfit, al contenuto. La parola «contenuto» ha la stessa radice di «contento», e io ho sempre vissuto sotto la dittatura del «è difficile essere contenti senza contenuto». E invece, non so se sei d'accordo, og-*

gi fingono tutti di essere felici senza contenuti. O con contenuti che in realtà non lo sono ma che per pochi secondi sembrano appagarci.

In generale: meno contenuti hai, più appari felice alla gente.

Ti faccio un esempio. Sotto il palazzo della radio, la sera, quando siamo in diretta, viene quasi sempre gente, fan degli ospiti. Alcuni, però, vengono anche senza sapere chi sia presente, perché sanno che molto probabilmente qualcuno con cui farsi una foto ci sarà, e questo li fa sentire appagati. Li ho visti scattarsi foto persino con il portinaio. Lo fanno con chiunque, probabilmente l'hanno fatto anche con te, quando sei venuto. Mi fa piacere sapere che ci siano dei fan lì sotto, ma mi terrorizza scoprire che ci sia gente felice di farsi una foto con una qualsiasi persona come scopo della propria giornata. So che queste mie affermazioni potrebbero sembrare poco gentili, forse anche poco rispettose, ma ho uno strano rapporto con il fanatismo.

Per esempio, credo di non essere fan di nes-

suno. E non perché io mi senta superiore a tutti, al contrario. Da sempre sono fan del contenuto che una persona, artista o creator che sia, esprime. Anche perché il contenuto rappresenta molto più della persona stessa, che rappresenta il veicolo di quel contenuto. Una volta che Bob Marley ha composto la canzone Soul Rebel, *per me il fanatismo si accende nei confronti della canzone, non su Bob Marley. E non a caso ho citato un gigante di cui non si può non essere fan. Questo pensiero è l'opposto di quello che vive la maggior parte delle persone oggi, il che non mi fa certo dormire tranquillo.*

In America usano spesso questa espressione: «Shit hits the fan», *che letteralmente significa: «La merda ha colpito il ventilatore», e quindi ti torna indietro. La merda è la vita, il ventilatore è l'arte e quello che ti torna indietro è chi la produce.*

La gente oggi non ama la vita, non ama il ventilatore ma è molto fan di quello che ti spruzza addosso.

*

RICK DUFER

Mi hai fatto venire in mente un episodio che mi è successo qualche mese fa. Dopo un mio spettacolo vicino a Milano, esco e vado verso l'auto. Era sabato e c'era la movida nel centro cittadino e sento dietro di me passi veloci e trafelati. Due ragazzi mi fermano tutti sorridenti ed eccitati, estraendo un telefono e dicendomi: «Ma tu… tu sei famoso, vero?».

Io rimango interdetto, ma mi sento un po' Socrate quindi li guardo e rispondo: «Non saprei, cosa vuol dire essere famoso?». E uno dei due: «Ma sì, dai, io ti ho visto… tu sei…» e non gli viene il nome. Al che dico: «Ragazzi, vi prego, ma perché fermate per strada gente di cui non sapete nulla solo perché vi sembra famosa?». E lui, dimostrando di non avermi ascoltato: «Ma sì, sei…» e dice il nome di un calciatore (non ricordo neanche chi, ho dovuto controllare dopo scoprendo che si trattava di un calciatore). Al che, prima di andarmene, dico: «Tornate dai vostri amici e divertitevi, senza fare queste figuracce».

Scene così me ne capitano spesso, in diverse forme, ma è uno dei problemi di questa nostra epoca: siamo ammalati di «famosità». Non di fama, di quello si può ammalare solo chi è famoso. La famosità, invece, è l'essere ammalati di chi è famoso. Sembra come se coloro che possiedono la fama avessero un'energia particolare sotto la quale tutti vogliono stare. Mi faccio una foto con te solo perché sei famoso, e questo mi trasferirà un po' della tua energia. Oppure, peggio: mi faccio la foto con te e la pubblico anche se non so chi tu sia, ma qualche mio amico ti conoscerà e mi invidierà per aver fatto uno scatto con te. Mi sembra distopico e terribile, ma è parte dello spirito dei tempi, e non credo ci sia poi molto da fare.

Questo conferma quanto dici: viviamo di forma, di apparenza, non c'è più alcuna sostanza dietro quello che mostriamo. Io sono angosciato da questo perché ho visto tantissime volte miei colleghi influencer vivere malissimo, distrutti e deragliati, depressi e incerti, ma al tempo stesso proiettare un'immagine perfetta di sé su Instagram e TikTok, in pubblico. «Guarda, plebeo, io ho una macchina stupenda, una villa meravigliosa, una fidanzata fighissima, una vita invidiabile e tu puoi solo mettermi un like.»

Dietro tutto questo, però, c'è solo un ragazzo impaurito, insicuro come gli altri, che vive la propria vita miserabilmente, terrorizzato dalla possibilità di perdere quei pochi e svilenti privilegi ai quali ha affidato l'amor proprio.

Siamo in un'epoca di psicosi collettiva nella quale usiamo la fama per alimentare allucinazioni, creando storie che sostituiscono la realtà e ingannano tutti, in primis noi stessi. Vogliamo apparire belli, bravi, intelligenti e di successo, ma appena ci guardiamo allo specchio vediamo solo bruttezza, incompetenza, ignoranza e solitudine. Usiamo i social per proiettare un'immagine di noi che non solo non corrisponde alla realtà, ma la sovverte e la falsifica in maniera irrimediabile, e così facendo perdiamo noi stessi.

Jung aveva capito bene questo meccanismo. Credo che la sua figura sia la più importante del Novecento, anche più di Freud. Fu lui a coniare il concetto di ombra: l'ombra è la parte dell'inconscio in cui si annidano tutte le caratteristiche che sono antagoniste delle proiezioni e delle maschere di cui una persona si riveste. L'ombra è quella porzione del tuo animo che contraddice l'individuo che vorresti essere: ti ricorda i tuoi difetti e le tue mancanze, è indesiderabile e spesso cattiva, insicura e spaventata, e istintivamente tu cerchi di fuggire da lei perché pensi che voglia ucciderti, farti risultare inadeguato, smascherarti davanti a tutti. Tendiamo a nascondere l'ombra nei contesti sociali perché non vogliamo che la gente si accorga delle nostre debolezze, anche se sappiamo che pure gli altri le stanno continuamente nascondendo.

Jung ha capito due cose fondamentali. La prima è che l'ombra, quando viene troppo a lungo nascosta sotto il tappeto, continua a riemergere nei contesti dove abbiamo meno controllo su noi stessi; in secondo luogo, ha compreso che noi consideriamo le nostre maschere degli alleati e l'ombra un nemico, che reputiamo ciò che proiettiamo vero e l'ombra falsa, mentre in realtà è l'esatto opposto. L'ombra è la parte vera di ciò che siamo, le maschere sono una finzione. Utile, ma pur sempre fasulla. Insomma, siamo molto più autenticamente le nostre mancanze e i nostri difetti, i nostri limiti e le nostre paure, che non i nostri successi, la fama, i soldi, l'identità. L'ombra è l'abisso che troviamo dentro di noi e che, ricordandoci che facciamo un po' schifo, che non siamo veramente quel che vogliamo far credere, e soprattutto che moriremo presto, tentiamo in ogni modo di nascondere sotto il tappeto. Invece, dice Jung, dovremmo ascoltarla, dovremmo familiarizzarci e integrarla nella nostra vita, invece di espellerla e cercare di dimenticarla.

Io credo che l'espressione «quello che stiamo facendo è non dire più niente» sia dovuta in gran parte a questo: l'artista che vuole mostrarsi bravo e bello, di successo, popolare e accettabile, perché altrimenti i brand se ne vanno, è un artista che sta cercando in ogni modo di nascondere la sua ombra. E, volenti o nolenti, è proprio dall'ombra che nascono le arti e i contenuti più significativi. Non lo diceva già Tenco, dopotutto, quando gli chiedevano perché scrivesse solo cose tristi? «Perché quando sono felice esco» rispondeva. Era nell'ombra che trovava la vera ispirazione.

Nell'ombra emergono i pensieri che fanno sobbalzare sulla sedia, i veri punti di ispirazione che creano, che danno carburante al mondo, che alimentano la nostra voglia di combattere, di cambiare le cose, di vivere intensamente i pochi anni che abbiamo a disposizione. Oggi non si dice più nulla perché non desideriamo che l'ombra emerga. Ma in questo modo l'arte muore, l'ispirazione viene meno e tutti vivono il mondo attraverso uno schermo di cellulare.

Il cantante trap che mi citi è il vero colpevole, insieme a tutti quegli artisti che hanno deciso, più o meno consapevolmente, di non dare voce alle ombre perché sono scomode, non fanno audience e infastidiscono un po' tutti. Perché si sono innamorati della fama o della famosità. La musica oggi, ma potrei dire anche la letteratura e le altre arti – il cinema forse più di tutte –, vivono solo di maschere e proiezioni, di fuga dalle ombre, di intrattenimento privo di significato, di autori che sono terrorizzati dall'idea di perdere un minimo della loro visibilità, della loro fama, e quindi crescono un pubblico ebete che vuole solo il selfie, anche se non ti conosce.

Sono però convinto che poi, riguardando quei selfie anonimi e dimenticati da tutti, ognuno di noi potrà vedere la propria ombra. E quell'ombra, la quale emerge dagli occhi di coloro che si fanno il selfie, sta urlando: «Ehi, stronzo, sono qui, che ti piaccia o no!».

Che bella l'arte che parla dell'ombra.

*

WAD

Spesso mi chiedo dove finiscano tutti quei selfie fatti in giro, molti dei quali probabilmente non vengono nemmeno mai postati. So che è una domanda inutile, è come domandarsi dove sparisce tutto il tempo trascorso ad aspettare l'ascensore. O chi ci restituirà i minuti persi nell'attesa che il semaforo diventi verde.

Magari qualcuno in questo momento, in qualche Silicon Valley, sta lavorando a una startup per il recupero del tempo perso nelle attività che non controlliamo più. Anche quel tempo perso, che ci sembra infinito mentre lo viviamo, confluisce nel grande flusso dei giorni che sembrano passare sempre più velocemente. Non so se sia così anche per te. Vola via anche il tempo perso e non lascia traccia, va veloce come il vento e, a meno che qualche scienziato non mi smentisca, il vento non ce l'ha un'ombra.

Ok, l'ombra esiste, ma cerchiamo tutti le luci. Ti scrivo quasi al buio, oggi è domenica qui a Milano e sono reduce da un party immenso in cui ho messo musica tutta notte ai Magazzini Generali, location leggendaria nella storia della club culture *milanese. Era tutto luminoso: i ledwall, i fari, gli outfit, i flash. Tanto che, ispirandomi ai più grandi pupazzi della storia, ho indossato degli occhiali da sole per tutta la serata. So che fa molto* poser, *ma non ho mai detto di non esserlo e forse tutti lo siamo un po'. Al mio ottico di fiducia chiedo spesso occhiali da sole da poter indossare di notte, lui mi guarda sempre con un certo ghigno ma poi capisce. E sai cosa capisce? Che preferisco nascondere la verità che trasmette il mio sguardo, come quello di tutti, in alcune situazioni. Belle o assurde che siano.*

Esiste di certo in ogni dialetto italiano una variante della frase «Quello lì ha paura della sua stessa ombra», che io ho sempre sentito in pugliese durante la mia infanzia. Nella cultura popolare, quella di strada, quella degli stracci stesi fuori dalla finestra, delle tende usate come risposta al condizionatore, delle coperte molto pesanti in inverno, del latte e biscotti a colazione, dei pomodori conditi con un filo d'olio come pranzo, del digitale terrestre come momento unico di relax durante la cena, ogni grande concetto è da sempre espresso con parole facili ereditate da una qualche tradizione popolare.

Dicevo dell'ombra, che gli antichi sapevano sempre tutto. Sin dai tempi del Dj Khaled della filosofia greca, cioè Socrate. Quel suo essere diseducativo, solo perché insegnava il dubbio, spiega facilmente quanto la nostra essenza di esseri umani sia stata da sempre ombrosa come la nostra stessa esistenza. Cioè: nulla è chiaro, nulla lo è mai stato.

Ho letto di questo filosofo, tale Alan Watts, e della sua legge di inversione. Dice che più ti sforzi di stare sempre bene, meno sarai soddisfatto, come se inseguire qualcosa non facesse che rinforzare la consapevolezza della sua mancanza. Quanto più disperatamente desideri essere ricco, tanto più ti sentirai povero e imme-

ritevole, a prescindere da quali siano in effetti i tuoi guadagni. Quanto più vuoi essere attraente e desiderato, tanto più inizi a vederti brutto, a prescindere dal tuo reale aspetto fisico. Tutto questo lo diceva quasi cento anni fa.

Quello che stiamo dicendo, e su questo si potrebbe aprire un altro grande dibattito, lo hanno già detto in tanti e più volte nella storia, dai miei umili concittadini pugliesi ai più grandi intellettuali di tutti i tempi: cos'ha l'ombra contemporanea di diverso rispetto all'ombra del passato? Una risposta forse ce l'ho: oggi la nostra ombra è quasi per tutti un elemento di pubblicità personale, da gestire in modo plateale. O, come sottolinei giustamente tu, da sopprimere pubblicamente. Prima era lo stesso elemento di pubblicità personale ma viveva perlopiù nel privato, quasi mai in una bolla condivisa, se non per i personaggi pubblici, appunto.

Abbiamo soffocato la nostra ombra che riappare quando blocchiamo il telefono e lo schermo diventa nero, il cosiddetto «black mirror», *come il titolo di una geniale serie tv. Se ti stessi chiedendo se si può screenshottare l'ombra della nostra faccia sul telefono, sappi che ho appena provato e... spoiler: non si può.*

*

RICK DUFER

L'ombra è un affare dannatamente oscuro. Pensa alla storia di Peter Pan: questo tizio che vola, combatte contro i pirati, si lancia in qualsiasi avventura come uno scavezzacollo, fa innamorare le ragazze della bella società, ma al tempo stesso è terrorizzato dalla propria ombra. Al punto che, d'un tratto, lei gli si stacca completamente e inizia ad avere vita propria. Le due caratteristiche peculiari di Peter Pan sono collegate: non riesce a far pace con la propria ombra ed è un eterno adolescente. Esattamente quello che siamo noi. Ho sempre pensato che Peter Pan sia una di quelle storie profetiche che sono riuscite a descrivere in modo semplice, eppure brillante, lo spirito della nostra epoca. Quando non facciamo pace con la nostra ombra non possiamo crescere, maturare, e rimaniamo incastonati in un'adolescenza che di primo acchito può sembrare piacevole, ma poi si trasforma in una gabbia terrificante.

Guardati intorno, WAD: siamo dei maledetti adolescenti che si atteggiano a adulti. Siamo culturalmente intrappolati nel tentativo di avere il consenso dei grandi, aspettando che qualcuno ci dia l'autorizzazione a vivere la nostra vita. Vogliamo tutto e subito, come l'infante che cerca in maniera spasmodica il seno della madre e se ritarda dieci secondi inizia a piangere. Detestiamo le responsabilità e non perdiamo occasione per scaricare il barile delle conseguenze da noi scatenate. Potrei andare avanti all'infinito a individuare tutti i comportamenti alla Peter Pan che portiamo avanti, dalla nostra incapacità di costruire relazioni solide al sospetto che tutto e tutti complottino contro di noi eccetera, ma credo non sia necessario.

E sai perché l'ombra ci spaventa tanto? Perché Peter Pan non riesce a far pace con essa? Perché ci ricorda che siamo qualcosa. L'ombra ci ricorda che abbiamo dei limiti, delle caratteristiche ben precise, ma soprattutto che abbiamo un compito da svolgere nel mondo. Ci ricorda che non possiamo essere qualsiasi cosa, cambiare in ogni momento, ma che dobbiamo trovare la nostra natura. E come riesce Peter Pan a pacificarsi con la sua ombra? Sacrificandosi, mettendo a repentaglio la propria vita per salvare Wendy, prendendosi per la prima volta la responsabilità dei suoi poteri, della sua energia, della sua giovinezza.

L'adolescente è, psicologicamente ma anche simbolicamente parlando, l'individuo che ancora non ha scoperto la propria natura e il proprio carattere, e perciò è confuso, perché potrebbe diventare qualsiasi cosa. A un certo punto l'adolescente scopre l'ombra, ovvero quella parte di sé che gli ricorda dolorosamente tutti i suoi traumi, i suoi difetti, le storture e le cose inaccettabili che si porta dentro. Tutte quelle cose che, volente o nolente, gli danno una forma. Dopotutto è l'ombra che ti suggerisce cosa potrai diventare da grande, quale strada intraprendere, che tipo di persona sarai. Senza l'ombra rimaniamo entità incompiute e confuse, prese dal desiderio di essere qualsiasi cosa ci passi per la testa senza tenere conto della parte che ci portiamo dentro. I motivatori della domenica ci hanno fatto credere che sia il desiderio, la convinzione, a farci capire cosa saremo da grandi, ma non è affatto così: è l'ombra, con il suo carico di difficoltà, attriti e dolori, a insegnarci cosa siamo e cosa saremo.

Peter Pan, a differenza della gran parte di noi, a un certo punto si prende il rischio di perdere tutto, persino la vita, per affrontare i pirati e Capitan Uncino, e lo fa perché si è innamorato. Ed è per questo che la sua ombra ritorna a lui, semplicemente perché ha affrontato a viso aperto l'idea che tutti quanti oggi rifiutiamo: il fatto che moriremo. L'idea che, dal momento che moriremo, non possiamo perdere tempo a fantasticare su quello che desideriamo o crediamo di essere, ma dovremmo vivere i nostri giorni in modo pieno, ascoltando la fastidiosa voce della nostra ombra, interpretando i suoi segni, in modo da capire finalmente chi diavolo siamo.

Invece, noi siamo ancora qua, a quarant'anni, a indossare magliette dei Pokémon, a vivere di nostalgia per i tempi passati, a pensare che non siamo pronti ad abbandonare la casa dei nostri genitori anche se siamo ben più che maggiorenni, ad arrabbiarci perché qualche nostro giochino infantile ci è stato sottratto, a credere che venire sorpresi a mentire sia un sopruso, a rifuggire le nostre responsabilità come se non ci fosse un domani. Se fossimo Peter Pan, invece di salvare Wendy e gli orfani dell'Isola che non c'è, metteremmo un bel follow su Instagram a Capitan Uncino, sperando di poterci fare un selfie con lui. Tutti abbiamo paura della nostra stessa ombra e ci siamo illusi di poterla nascondere, ma non è così: l'ombra sta venendo fuori «dalle fottute pareti», mio caro WAD, e noi pensiamo che sia un'invasione aliena quando in realtà è il nostro animo profondo che, ignorato e denigrato, richiede a gran voce la nostra attenzione.

Se fossimo Peter Pan staremmo precipitando nel vuoto facendoci un selfie da postare su Instagram, appena prima di spiacciccarci sul ponte della nave dei pirati, mentre Capitan Uncino se la ride della grossa.

Dialogo 8
La vergogna è un bene prezioso

WAD

Forse l'ombra è la distanza tra quello che siamo e quello che vorremmo far credere a tutti di essere. Stasera ho avuto ospite in puntata un personaggio molto virale su internet. Una ragazza poco più che venticinquenne che in vari podcast spara cazzate alle quali probabilmente non crede nemmeno lei, ma le cui grandi affermazioni creano un'esagerata attenzione e anche grande consenso. È una donna che vorrebbe il ritorno al patriarcato nella sua forma più integralista, suggerisce il bonus chirurgo estetico al posto del bonus psicologo, crede che le donne non belle non debbano avere figli per evitare che il mon-

*do si popoli di persone non belle. Ogni qualche anno emerge un personaggio un po' comico e un po' drammatico come lei. Si chiama Michelle Comi. Durante la diretta abbiamo mandato in onda la telefonata di uno psicologo della provincia di Foggia che ironizzava su quanto fosse felice di sapere che, nell'*overflow *dei contenuti che ci travolge ogni giorno, ci siano anche queste assolute stronzate che non fanno altro che alimentare l'affluenza fuori dalla porta di psicologi tipo lui. E lei reagiva con il sorriso, sistemandosi i capelli a favor di camera. E il mio è un programma principalmente radiofonico.*

Noi non vediamo le cose come sono, ma vediamo le cose come siamo noi. E come siamo? Siamo deboli e abbandonati, questa è la verità. Quando incontro gente così mi accorgo che l'umanità contemporanea sta davvero navigando nell'oceano a bordo di uno stuzzicadenti. Pensaci bene. La maggior parte delle decisioni che prendiamo e delle azioni che compiamo, anche banalmente io nel momento in cui scrivo, le guida il nostro polpastrello. Che razza di rivoluzione pensiamo di fare se lasciamo tutto in mano al potere digitale della nostra mano?

Molti di noi diffidano delle pomposità dei social media, del pubblico sfoggio delle emozioni e di ogni sorta di ridicolaggine, ma contribuiamo comunque tutti alla grande erosione degli standard intellettuali che porteranno sempre di più allo svilimento della civiltà occidentale. Sinceramente mi vergogno molto spesso di essere un umano, avrei preferito nascere, che so, olio d'oliva.

E pure la vergogna è in via d'estinzione, è un'emozione sociale che ormai quasi più nessuno ammette di avere. Sembra essere vintage come i vinili, tipo che se li hai a casa sei quasi un po' poser*, un affezionato all'antichità. Non proviamo nemmeno più turbamento per quello che là fuori la gente fa, pensa e dice. Succede a volte, sì, se si tratta di qualcosa di davvero indecente. Ma in generale è un semplice, passeggero imbarazzo, che se ne va non appena ci distraiamo. È un mondo senza vergogna, come la mia ospite di quella sera.*

È vero che ormai una delle poche certezze che abbiamo è che al mondo esistono tutti i tipi di persona, con qualche pregio e valanghe di debolezze da spettacolarizzare al momento giusto, sulla piattaforma giusta. Che poi: siamo sicuri che stare bene con noi stessi significa dire sì a tutti i nostri difetti? Non sarebbe meglio vergognarsi dei propri desideri come in quella poesia in cui Allen Ginsberg confessò «con vergogna il desiderio»?

L'identità collettiva si guadagna attraverso il riconoscimento, l'approvazione, l'accettazione, ma sono convinto che non accettiamo più niente e nessuno. Frontiere chiuse, perimetri chiusi, ambienti chiusi, naso chiuso, bolle chiuse, palle chiuse, chiese chiuse, tutto chiuso tranne il cielo. Che pure lui, il cielo, a pensarci bene inizia a dare segnali di cessata attività, prossima chiusura. Manca solo il cartello: Cielo chiuso per colpa dell'uomo e delle sue mani.

*

RICK DUFER

Mi citi Allen Ginsberg e Michelle Comi nello stesso messaggio e il mio cervello oscilla tra l'estasi e la sincope, non so se mi riprenderò mai.

Non c'è alcun dubbio che l'assenza di vergogna sia una delle grandi presenti di quest'epoca, o che il provare vergogna sia uno dei grandi assenti… insomma, mi hai capito. Oggi la vergogna è un sentimento completamente estinto. Senza vergogna, infatti, puoi fingere di essere tutto quello che non sei, puoi persuadere gli altri a fare cose assurde, puoi diffondere messaggi che nemmeno tu ritieni accettabili. Ma se la vergogna se n'è andata a spasso, chi rimane a presidiare il fortino? Nessuno. Io sono convinto che la vergogna sia da sempre una grande alleata della maturazione: è quando ti vergogni per qualcosa che ti accorgi dei tuoi limiti, dei tuoi pregiudizi e di tutta la strada che devi ancora compiere per diventare un essere umano decente. Nella vergogna emergono i preconcetti e le nefandezze, i desideri inaccettabili e le possibilità che abbiamo, ma soprattutto la necessità di progredire in conformità a ciò che sentiamo di essere veramente.

Io la mia vergogna me la tengo stretta, è un bene preziosissimo. Ti faccio due esempi. Il primo ha a che fare con il Riccardo universitario. Abitavo in una palazzina di sei piani con altri quattro studenti e i miei dirimpettai erano una famiglia turca con cui ci si scambiava un cenno di saluto ma niente di più. Devi sapere che io ho vissuto l'infanzia e l'adolescenza in un paesino di settemila anime dove il razzismo era abbastanza sentito, le extracomunità piuttosto segregate e il pregiudizio etnico molto forte. Ma non credevo di essere razzista e, anzi, mal sopportavo tutti i discorsi che serpeggiavano qua e là, cercando anche spesso di contrastarli. Poi, però, a Padova mi sono accorto di vivere con pregiudizio e malcelato fastidio la presenza di quella famiglia turca: gli odori culinari che uscivano dal loro appartamento mi irritavano, la loro parlata a volte molto alta mi innervosiva, e senza poterlo ammettere a me stesso pensavo che avrei voluto qualcun altro come vicino di casa. Poi, un giorno, torno da lezione e mi trovo chiuso fuori di casa all'ora di cena, con una fame bestiale e nessuno ad aprirmi. Sono seduto sconsolato, stanco e affamato in corridoio quando esce il papà di questa famiglia che, pur non riuscendo a parlare italiano, mi invita in casa sua. In breve, ho mangiato con loro, parlato con loro in un misto tra inglese, francese e gesti irriproducibili e conosciuto i loro tre bambini. Mi sono divertito, li ho ringraziati e, quando sono tornato a casa perché un mio coinquilino era rientrato, mi sono vergognato. Sì, perché mi sono accorto di quanto idiota fossi stato a non rendermi conto del pregiudizio, del blocco, di tutte quelle idee che in realtà avevo sepolte nella mente e che poi si sono rotte in un millisecondo. Quella vergogna mi ha insegnato che devo sempre stare all'erta sui miei stessi pregiudizi e non dare per scontato nulla di ciò che mi passa per la testa.

Il secondo esempio è stato quando ho pensato che la mia carriera su YouTube avrebbe giovato di un branding diverso. Per un periodo ho ritenuto che il Riccardo scherzoso, che non si prende troppo sul serio, che sa alleggerire la situazione, dovesse essere estromesso dall'immagine pubblica di Rick DuFer, per convincere il pubblico del fatto che fossi un vero filosofo. Quel periodo è durato letteralmente tre settimane e, nel giro di pochi video, mi sono vergognato così tanto davanti allo specchio che ho cancellato quegli episodi e mi sono ripromesso di non tentare mai più una cosa simile. Il filosofo non è mica quello che parla pacatamente, che non si scalda mai, che non scherza troppo e che tratta ogni cosa con enorme serietà. Filosofo è chi non deve mentire per poter pensare in modo libero. E quella vergogna fu veramente preziosa per la mia maturazione, non solo per quella professionale ma anche personale.

Mi rendo conto che questo atteggiamento è in totale controtendenza e sembra del tutto ingenuo. Oggi la rete, ma non solo, è dominata da gente che ha espulso la vergogna dal proprio corredo emotivo: si va da quelli che vendono corsi truffaldini e ti promettono una vita nuova, se cliccherai sulla loro porcheria, a personaggi-maschera che si espongono nelle più becere abitudini soltanto per attirare un po' di quella rabbia repressa che cova nel cuore delle persone. E se provassero vergogna smetterebbero subito. Ma non la provano. Lo si vede in politica e tra gli influencer, nell'intrattenimento e nell'arte: l'assenza di vergogna ci desensibilizza al punto da voler sempre alzare l'asticella del cringe, come dice la Gen Z.

In fin dei conti, questo si ricollega a quanto dicevo poco sopra: la vergogna è un altro tipo di attrito, è un disagio interiore difficile da affrontare e sopportare, men che meno da seguire come esempio. La vergogna è un momento di destabilizzazione che ci riporta con i piedi per terra. Ma a noi piace svolazzare nelle fantasie, non importa quanto sporche e inaccettabili, e non vogliamo tornare con i piedi per terra.

Ho visto Michelle Comi, ho sentito i suoi svolazzamenti, la totale irrealtà delle sue parole, ma non mi arrabbio, sono sincero. Tu sembri arrabbiato, e va bene così, perché in effetti rappresenta quel tipo di figura che senza dubbio propone modelli dannosi e discorsi pericolosi. Ma io non mi arrabbio: provo pena. Sai perché? Perché chi ha spento la vergogna sta per deragliare.

La vergogna, con la sua forza di attrito, ti prepara ad affrontare le cose serie. Se ti vergogni ti renderai conto dei tuoi limiti, della tua fragilità, della fatica necessaria a migliorarti, e ciò ti sarà utile quando le sfide della vita ti si presenteranno di fronte. Chi ha provato una sana vergogna è più pronto a confrontarsi con la malattia, propria o dei suoi cari, con la morte, propria o dei cari, con le difficoltà e i cataclismi, perché ha lavorato su di sé. Chi ha soppresso la vergogna, invece, sarà travolto dagli eventi seri perché, mentre svolazzava, non preparava il terreno per la serietà che aspetta tutti noi.

Quindi, guardo Michelle Comi, e come lei molti altri, e provo compassione perché so che sta andando a tutta velocità verso uno schianto che probabilmente neanche sta immaginando.

*

WAD

Leggo le tue parole e penso che sia proprio vero che più si cresce e più si sviluppano pensieri conservatori. Succede spesso anche a me, lotto molto con me stesso. È difficile avere sempre una mentalità progressista in questo periodo storico di totale anarchia ideologica. Sul piano dello scontro generazionale, probabilmente, serve cercare una via di mezzo che rispetti le sensibilità di tutti ma allo stesso tempo regali una disciplina sociale. Oggi ciascuno è al contempo servo e padrone, per cui la lotta di classe si è trasformata in una lotta interiore, inti-

ma, personale. Chi fallisce si vergogna e si dà la colpa: il problema è in noi stessi, piuttosto che nella società. Però, ammettiamolo: quanto cazzo è più facile dire che la colpa sia della società? È un approccio che ci libera e ci deresponsabilizza.

A volte faccio pensieri di cui mi vergogno.

Quando ero piccolo ero timido – lo sono ancora un bel po' – e nelle feste di famiglia mi presentavano dicendo: «Lui è Michele, è un bambino un po' vergognoso». Intendevano dire che ero timido. Oggi so che timidezza e vergogna sono due sensazioni ben distinte. O, comunque, l'una è la conseguenza dell'altra, a volte. Mi piace la gente timida, la trovo affascinante, sensibile.

Oggi esistono tanti meccanismi apparentemente validi per dribblare la timidezza, per esempio manifestare strafottenza. Applicare la formula dell'esagerazione, di fatto andare al lato opposto della timidezza. Com'era la canzone degli eroinomani? Ah sì, The Dark Side of the... *«timidezz».*

Milano è molto dura con i timidi. Diventare «qualcuno» in paesi pieni di gente che non era nessuno, quindi quasi ovunque a parte Milano e forse Roma, è abbastanza facile. Al mio paese, per esempio, è famoso un imprenditore che è stato filmato dalla moglie durante un tradimento, è famoso quello che una volta finì in un privé in discoteca con Valentino Rossi, è famosa una ragazza che anni fa partecipò a Miss Italia, è famoso l'ex sindaco che fu beccato a ricevere tangenti, è famoso il cugino di quell'amico mio che fu arrestato perché in casa custodiva un kalašnikov della Sacra Corona Unita. E potrei continuare così a oltranza. A Milano devi fare molto di più per esistere, e anche un po' per resistere. Sicuramente non puoi essere introverso e startene in un angolo o, meglio, puoi farlo ma non esisteresti. Cioè, in città non l'hanno importata la timidezza, la devi lasciare fuori.

La sensazione che ho sempre avuto da quando ho messo piede a Milano è che qui puoi pensare di vincere in Serie A invece che sognare semplicemente di giocare bene in Serie C. Spero abbia senso il paragone calcistico. Lo seguo poco, il calcio, m'invitano, fingo di tifare per la squadra che mi ospita e mi riempie di champagne nelle Sky Box e poi torno a essere ateo fino al successivo invito di un'altra squadra. Ci vado perché amo molto quella confusione. Quella disperazione. Quella passione di migliaia di persone che ti trasporta inevitabilmente dentro un frullatore.

Questa è Milano, una città che può essere creativa. Non lo è, ma può diventarlo se ne percepisci la sensualità. Cioè, Milano non è solo «amici, puttane e disperazione». È una città quotidianamente in guerra anche se non ce ne accorgiamo. Potrei parlare per ore di Milano e delle sue battaglie interiori, Ghali le ha dedicato una canzone bellissima qualche anno fa, il ritornello chiude così: «Mi odio e mi amo come Milano».

Perché sono finito a parlare di Milano? Ah sì, perché qui c'è una guerra sotto-pelle. Talmente guerra e talmente sotto-pelle che sem-

brano valide quelle parole di Gil Scott-Heron, poeta musicista e attivista afro-americano, quello di The revolution will not be televised. *Che cosa aveva detto? Che non dovrebbe esserci alcuna confusione nella testa della gente sull'essere o meno in una guerra, ma che tutto ciò che dovevano fare era guardare nei loro portafogli, perché qualcuno aveva finito di prendersi i loro cazzo di soldi. Quando lui e quelli come lui si buttavano in cose che riguardavano la politica, il più delle volte la gente diceva loro: «Amico, a me interessano solo i soldi». E Gil doveva informare le persone del fatto che se erano interessate ai soldi, quella era la migliore ragione per interessarsi alla politica.*

I soldi non sono un argomento da timidi, ma ci si vergogna sempre molto in Italia a parlarne. Sembra una trappola, come se fossero il male. Anche solo citarli ci crea imbarazzo, è un tabù. Dopotutto, uno degli Agnelli raccomandava la Regola delle tre S: a tavola mai parlare di sesso, soldi, salute. Quindi, di soldi non si parla, tipo che dobbiamo nasconderli, ed è per questo che i non timidi li ostentano. La via di mezzo tra timidezza e vergogna, tra ideologia e vuoto esistenziale, tra parlare di soldi o nasconderli non l'hanno ancora inventata.

Questa assenza di equilibrio ci crea disagio, ci fa sentire piccoli e inadatti come quelli che vengono truffati per aver cliccato sul link dove c'è scritto «Clicca qui per accedere a una serie di vantaggi esclusivi».

*

RICK DUFER

Mi hai fatto venire in mente una citazione di Epicuro, autore che, ne sono certo, Scott-Heron conosceva molto bene.

«Non le libagioni e le feste ininterrotte, né il godersi fanciulli e donne, né il mangiare pesci e tutto il resto che una ricca mensa può offrire è fonte di vita felice; ma quel sobrio ragionare che scruta a fondo le cause di ogni atto di scelta e di rifiuto, e che scaccia le false opinioni, per via delle quali grande turbamento s'impadronisce dell'anima. Principio di tutto ciò e massimo bene è la prudenza.»[14]

Tu fai l'esempio di Milano, ma in diverse misure potremmo parlare di Roma o anche Firenze. Laddove gli esseri umani si raggruppano in masse indistinte, si sviluppa l'esatto opposto della saggezza e della felicità, perché si dà troppa importanza alla popolarità, al denaro, alle cose esteriori. In fin dei conti, i filosofi lo dicono da sempre: se tu dai così tanta importanza a questi dettagli, all'inferno ci sei già, semplicemente perché stai consegnando la tua felicità, il tuo amor proprio, ogni tua autostima, a oggetti, cose e condizioni che potresti perdere e perderai da un momento all'altro. Se pensi che i soldi possano riempire quell'abisso che senti dentro di te, sarai condannato a riempire il tuo animo di denaro scoprendo che in realtà non basta mai. Ma non solo: quando lo perderai per motivi che

[14] Dalla *Lettera a Meneceo* di Epicuro, citata da Diogene Laerzio, *Vite dei filosofi, X* (127-132), in *Vite dei filosofi. Libri 8-10*, vol. 2, Edizioni Laterza, Roma-Bari 1998.

spesso esulano dalla tua capacità di controllo, cadrai in una miseria ancor più terribile di colui che ha vissuto, non dico in povertà, ma con una prudente percezione della ricchezza.

Per questo ho sempre vissuto male le grandi città. Ci vado volentieri per qualche giorno, per lavoro e appuntamenti, ma chiedimi di stare a Milano o Roma per più di cinque giorni e sento il mio animo ribollire. Sono realtà costruite per il contrario della saggezza: trovare il silenzio ed essere prudenti è complicatissimo, la competitività tossica e l'ostentazione delle cazzate dominano sovrane, la finzione trionfa sempre sulla sincerità e chiunque, in una realtà del genere, tenti di vivere in modo autentico (o prudente, come diceva Epicuro) verrà preso per ingenuo e rigettato velocemente dal corpo sociale. Sembra paradossale: le grandi città, che rappresentano il culmine della civilizzazione, sono l'ambiente più simile alla giungla selvaggia che abbiamo mai costruito. In questo paradosso, l'individuo di buon cuore viene premiato se nasconde il suo buon cuore e, anzi, è incentivato a sviluppare quel cinismo che lo circonda e che diventa spesso l'unica possibile difesa. Dall'altra parte, chi è cinico, nichilista e senza scrupoli è perfettamente adatto a interpretare la sua situazione. A Milano, il detto di Hobbes – «*Homo homini lupus*» – trova la sua perfetta ambientazione: l'uomo è incentivato a diventare lupo per i suoi simili semplicemente perché i lupi che lo circondano gli rendono sconveniente mantenersi in uno stato di empatica cooperazione.

Tutto questo mi porta a un pensiero amaro. Il mondo della popolarità, del successo, della visibilità e della tifoseria è costruito su misura per l'antisocialità, la psicosi e l'inconsapevolezza più profonda. Guarda il mondo dello spettacolo, popolato di personaggi che proiettano un'immagine di successo, invincibile e granitica, ma ogni giorno crollano sotto il peso delle loro finzioni. Il divo hollywoodiano che per anni mostra di essere una creatura perfetta e desiderabile e poi viene fuori che era solo un mentitore seriale e forse violento che detestava la propria vita. L'attrice desiderata da tutti gli uomini del pianeta si rivela come la tossica manipolatrice che ha tentato in tutti i modi di distruggere il suo partner. Persone ricche e di successo schiacciate dal fatto che ricchezza e successo non bastino mai, e facendo di tutto per accumularne sempre di più diventano ingorde e imprudenti, compiendo atti che poi si trasformano nella loro maledizione. Gli esempi si sprecano: il mondo della popolarità, della ricchezza, che è perfettamente rappresentato dalla Milano di cui parli, è costruito per dare sfogo alle peggiori tendenze dell'umanità.

Io, per fortuna, mi ci sono sempre trovato male. Non solo con Milano, ma anche con la popolarità. Non mi piace troppo quando la gente urla il mio nome per strada. Preferisco un saluto sommesso, una stretta di mano, ma non il selfie, e anche per questo ho voluto vivere in una cittadina piccola, Schio, che fa 40.000 anime ed è a misura d'uomo. Il mio obiettivo è da sempre quello di farmi ben volere dalle poche persone che chiamo amici, che hanno il mio amore incondizionato e di cui voglio prendermi cura. Il lavoro che faccio ha come obiettivo proprio quello: migliorare la relazione che ho con le persone preziose della mia vita, sperando di dare loro un po' di valore e fare del bene impiegando il mio tempo come si deve.

Nei miei video dico sempre una cosa che mi fa apparire molto stronzo: «Non sono vostro amico, sono un tizio che guardate attraverso uno schermo e di cui apprezzate il lavoro, niente di più». Ma non lo faccio per essere stronzo, lo faccio perché è la verità. La popolarità è una conseguenza, spesso indesiderata, di questo lavoro, così come i soldi. E tutto ciò che mi è esterno va gestito con prudenza, perché se diventi imprudente in quelle direzioni finisci per consumarti.

Tu, WAD, sei senza dubbio più popolare di me. Mi piacerebbe capire se questa popolarità ti ha mai logorato: ti ha fatto perdere contatto con le cose importanti? Ti ha trasformato in qualcosa che non volevi diventare? Hai mai rimpianto, in qualche modo, di aver acquisito questa fama? Sei stato sufficientemente prudente per non trasformarla in un anatema?

Dialogo 9
Infinite jest: anestesia totale

WAD

Ti dico subito, rischiando di sembrare finto umile, la verità: non mi reputo popolare per niente. La fama non è proprio un'unità di misura per me. Vale con gli altri ma anche allo specchio. Non sento di avere dei fan, per intenderci. Se mi chiedono la foto in giro o nei locali so già che, come hai raccontato tu, al novanta per cento si stanno facendo una foto non con me ma con un numero di like che sperano di raggiungere. Lo fanno per gli altri, non per sé stessi. Anche perché, che senso intimo può avere farsi una foto con una persona? È intimo parlarci, abbracciarsi, spingersi, persino picchiarsi, ma sicuramente non una foto.

Partiamo da un presupposto, che forse ti ho già detto ma non ricordo: io non sono fan di nessuno. Non mi è mai interessata la persona famosa, o ricca, al contrario sono sempre andato nella strada opposta. «Coltivo dove tutti han detto che non cresce un cazzo» diceva il rapper Esa, e lo condivido. Vedo persone famose praticamente tutti i giorni da anni e non ho fatto mai un selfie con nessuno. Non m'interessa. Pensa quanti like e follower adoranti avrei in più! È proprio che me ne frega zero. Spesso mi chiedono se ho il numero di telefono di una qualche persona famosa, o se ci vado a cena o se sono suo amico, ma la verità è che me ne fotto proprio della fama delle persone, e di conseguenza anche della mia. È solo una percezione equivoca che abbiamo della gente.

Però, per non risultare troppo patetico su questo argomento e rimanere estremamente sincero, ti dirò anche che provo un certo piacere quando mi riconoscono per strada o su un aereo, se mi fanno saltare la fila in un posto affollato, non mi fanno pagare qualcosa, quando ricevo pacchi e regali, mi pagano per andare a un evento a non fare niente. Sono alcuni dei privilegi che la visibilità porta con sé. E non ci sono indifferente, anzi.

Nel tempo tuttavia mi sono accorto che questa visibilità, più che accontentare me, rende orgogliose le persone attorno a me, o almeno spero che lo faccia. Ed è per questo che non ne sono vittima, ma la amo. È una forma positiva di calore umano. In sintesi: fa piacere ai miei genitori; per loro sì che è un'unità di misura che gli ricorda che il figlio non è finito, non ancora quantomeno, sotto un ponte di Milano. Non escludo possa succedere in futuro. Non si sa mai, è meglio essere sempre pronti.

A Milano sì, come hai detto tu, è certamente più importante essere popolari che giusti. Ma questa è una visione un po' superficiale che ammetto di avere anch'io a volte. Spesso si associa Milano alla gente famosa, ma in realtà esiste un substrato di persone valide, giuste, leali, creative, con i piedi per terra, concrete, solide... aggiungici qualunque altro aggettivo positivo.

A Milano puoi fare quello che vuoi, anche solamente per sentire che esisti, per dimostrarlo a te stesso. Certo, la tentazione di assecondare le tue debolezze e tentare la strada dei follower, degli ambienti falsi, del trash, ti perseguita. Ma io ormai non la vedo nemmeno più. Forse perché lavoro come un artigiano, tutti i giorni e su ogni aspetto, sulla grande costruzione della mia credibilità personale. Più cresce in altezza il Palazzo della Credibilità e meno ti accorgi della bassezza dell'Aiuola della Superficialità. Ogni tanto magari ti affacci alla finestra, scorgi un po' l'aiuola, noti che qualche cane ci sta cagando all'interno e che magari è riuscito ad attirare anche l'attenzione di altri cani, ma poi torni dentro e stai tranquillo. Cioè, tranquillo non lo sei mai. Milano resta comunque una città che si affaccia sul mare, quel mare in cui puoi nuotare sereno, sì, ma in mezzo a tanti piranha.

*

RICK DUFER

Trovo che tu abbia espresso un concetto molto importante che oggigiorno spesso ci sfugge: il valore della normalità, della quotidianità, anche dell'anonimato, se vogliamo usare un termine pesante. Mi accorgo sempre di più, non solo guardandomi intorno ma anche guardando a me stesso, che la tentazione di sfuggire al quotidiano è fortissima. Le luci della ribalta, gli eventi pieni di vip, i like su Instagram, un video-sfogo in cui parli dei cazzi tuoi però facendoli passare per i cazzi degli altri, tutto questo è una fuga dalla normalità che ognuno di noi rappresenta.

David Foster Wallace la definiva *infinite jest*, come il titolo di quel suo mattone[15] che si ispirava all'*Amleto* di Shakespeare. Con questa espressione intendeva tutte quelle occasioni mondane, mediatiche, comunicative e psicologiche che, facendoti dimenticare dei tuoi limiti, dei tuoi difetti, delle tue rotture e

[15] D. Foster Wallace, *Infinite Jest*, Einaudi, Torino 2016.

del fatto che morirai, ti proiettano verso una dimensione di infinito, di illimitato, di *universal coolness* nella quale affogare beatamente. Se la quotidianità mi ricorda che devo mettermi a studiare per l'esame tra due giorni, l'*infinite jest* mi suggerisce di postare un selfie su Instagram per allontanarmi dalla mia ansia; se la vita mi impone di affrontare quella fastidiosa discussione con il mio partner, YouTube mi mette a disposizione milioni di ore di gattini morbidi con cui spensierarmi; se mio padre si è ammalato e devo affrontare la sua imminente scomparsa, c'è la PlayStation che mi persuade a trascorrere sei ore su *FIFA* per spegnere il cervello. E così via. Ma la vera tragedia è che questo *infinite jest* non ci allontana soltanto dalle cose spiacevoli, tragiche, che magari sarebbe anche comprensibile (attenzione: non giusto, ma comprensibile) voler schivare: smettiamo di prenderci cura delle nostre relazioni perché «tanto c'è la mia tipa su OnlyFans», non usciamo più con gli amici perché «ogni sera mi collego su *Call of*

Duty», smettiamo di suonare il piano o la chitarra «perché passo intere giornate a scorrere TikTok».

Abbiamo abbracciato l'*infinite jest* nella speranza che ci salvasse dalle tragedie della vita, ma in realtà ci sta «salvando» da un'altra cosa: dalla possibilità di realizzarci ed essere felici.

La quotidianità, al contrario, ci ricorda continuamente di essere limitati, difettosi, bisognosi di strumenti per migliorare. La routine è una fatica tremenda, un attrito che dobbiamo attraversare per poter affrontare le cose orribili ed essere all'altezza delle cose meravigliose che ci si presentano di fronte. Io di questo parlo spesso con la mia community. Loro vedono Rick nel video che tratta di filosofia e proietta un'immagine di successo, ma devono ricordarsi che dietro quello che trasmetto c'è un uomo che ha sofferto molto per la perdita di suo padre, un uomo con un matrimonio fallito alle spalle, un uomo che ha passato due anni di deragliamento nel tentativo di ricostruirsi una serenità emotiva che per lungo tempo sembrava irraggiungibile. Loro mi vedono a teatro, quando faccio i miei monologhi, e lì sono brillante e divertente, ma devono realizzare che quella è la superficie sotto la quale si cela sempre una tempesta di insicurezze che vanno affrontate non a colpi di like, ma a suon di imprecazioni contro l'attrito della quotidianità. E per me rendere chiaro questo aspetto è un modo essenziale di contrastare l'altrimenti dilagante *infinite jest*.

C'è un motivo per cui noi filosofi rompiamo le scatole con la morte, il dolore e i problemi esistenziali. Non è che vogliamo solo appesantire l'atmosfera e rovinare la serata a tutti, anche se, lo ammetto, a volte ci piace fare i guastafeste. Quel che tentiamo di fare è rimettere a fuoco lo sguardo quando molti si stanno rendendo miopi a ciò che dà senso all'esistenza. E il senso dell'esistenza non sta nel consenso, nel like, nel piacere a tutti, nel convincere gli altri di quanto sia bello, bravo e brillante. Il senso dell'esistenza sta nel condividere con poche persone amate quella quotidianità che rappresenta la tempesta di ognuno di noi, dentro la quale ci barcameniamo tra molti dolori e poche gioie, racimolando di giorno in giorno l'energia utile a mandare avanti le cose nel migliore dei modi. In quella tempesta si vive e si muore, si fa l'amore e ci si disintegra di rabbia, si cerca e si perde un equilibrio, si cade in nefandezze e si fa di tutto per farsi perdonare. Ci si sveglia alle cinque e si va a letto alle ventidue, ci si odia e ci si abbraccia. E tutte queste cose hanno valore proprio perché non sono trasmesse, non attirano like, non fanno consenso: ci ricordano che la vita è breve e fugace, e in quanto tale essa ha valore.

Anche questo scambio, sinceramente, lo vivo come un pezzo di quotidianità, sebbene pochi ormai tengano rapporti epistolari come un tempo. Stiamo facendo l'uno l'attrito per l'altro, e la considero una cosa significativa.

Dopo questa sviolinata vorrei trovare un buon motivo per mandarti a fare in culo, ma non ce la faccio. Anche se sono sicuro che prima o poi l'occasione arriverà.

*

WAD

Affanculo io ci vado tutti i giorni, è il mio svago preferito. Hai presente quei momenti in cui sfiori il burnout*? Lì sei davanti all'ingresso del più grande vaffanculo che la vita possa offrirti gratuitamente in una giornata qualsiasi. Spesso spio al di là di quella porta d'ingresso, e poi mi accendo una sigaretta e passa. Cioè: ho l'illusione che passi. Non fumo tanto, sia chiaro. Riesco a decidere io quando farlo e se farlo. Penso che la tossicità della sigaretta sia stata per le generazioni precedenti paragonabile alla tossicità dei social media per le generazioni attuali.*

Sei nervoso? Fumi o scrolli.

Hai un problema? Fumi o scrolli.

Ti senti stressato? Fumi o scrolli.

Scrollare è una forma di fumo tossico per la testa anziché per i polmoni. Qualche sera fa ero con il musicista Seun Kuti, uno dei figli di Fela Kuti, e parlavamo proprio di questo scorrimento veloce di tutto quello che ci capita. «Scrolliamo canzoni e film come scrolliamo rapporti e ideologie» mi diceva.

Fela Kuti è stato uno dei più grandi rivoluzionari della musica mondiale, inventore dell'afrobeat, vero ribelle, considerato il Bob Marley dell'Africa. Uno che, grazie ai suoi tour americani, scoprì l'organizzazione delle Pantere Nere e James Brown, e poi tornò in Nigeria e lanciò i suoi movimenti per i diritti umani e la sua personale risposta al funk. Erano gli anni in cui si poteva pensare di rivoluzionare tutto quel cazzo che si voleva. Al punto che, ovviamente, Kuti subì diversi attentati, per esempio nel 1977: dopo che uscì il suo album Zombie, *mille soldati invasero il suo villaggio, incendiarono gli studi e uccisero diverse persone, tra cui la madre, che fu gettata fuori da una finestra.*

Fela Kuti descriverà questo tragico evento in Coffin for Head of State. *Ma, soprattutto, ha sposato, contemporaneamente, le ventisette donne che sopravvissero a quell'attentato.*

Oh, gli anni Settanta, amico mio! Quanto siamo distanti da quel senso di rivoluzione che ci raccontano nei libri, nelle canzoni, nei programmi. So che potrebbe far ridere passare dal figlio di Fela Kuti a Claudio Bisio – non sarà peggio che passare da Michelle Comi ad Allen Ginsberg –, ma succederà perché parlavo di anni Settanta proprio con lui qualche mattina fa. Di quando a Milano faceva parte di Avanguardia Operaia, occupava le scuole, chiamava Dario Fo a partecipare alle assemblee studentesche. Abbiamo anche scherzato a immaginarci Dario Fo su Instagram, se il social fosse esistito all'epoca. La verità è che se Instagram ci fosse stato negli anni Settanta, probabilmente non ci sarebbe stata alcuna rivoluzione o ideologia politica, da nessuna parte nel mondo.

Instagram è un anestetico.

Molte droghe – e la droga è sempre esistita,

perché anche i tuoi colleghi come Nietzsche, Freud o Sartre si spaccavano di sostanze – nascono come farmaci anestetici, tipo la ketamina o i gas esilaranti. Lo so perché sto girando un servizio per Le Iene *su questo. Scoprire da tossicologi esperti che l'essere umano si droga usando anestetici mi fa quasi ridere di rabbia. Quanto stupidi siamo diventati? Per sognare di stare bene ci anestetizziamo, e quando succede in grosse quantità diventa impossibile dividere la droga dall'umanità. E ci rimane solo il male. Ho in mente una nuova droga da suggerire a chi ama anestetizzarsi a pagamento: i calci nei coglioni. È una tecnica non ancora esplorata a dovere, mi offro volontario per somministrarla. La prima dose è gratis, e sono abbastanza sicuro che molti dei medici là fuori apprezzerebbero.*

Ora però smetto di fare, male, analisi cliniche da triste chirurgo improvvisato.

*

RICK DUFER

Io credo che tutto quanto possa essere utilizzato come sveglia o come anestetico. Molti, in passato, hanno usato le droghe in tutti e due i modi. Aldous Huxley, Jim Morrison e i Beatles le hanno usate per nutrire la creatività, per rompere «le barriere dell'immaginazione», per tracimare oltre un confine prima irraggiungibile. Molti altri, spesso meno famosi e senza nome, le hanno usate invece per spegnere la propria presenza nel mondo, nella vana speranza di smorzare la fastidiosa presenza del mondo in loro.

Lo stesso vale per le ideologie: parli degli anni Settanta, ma quanti hanno usato quelle idee per autodistruggersi, ammaestrarsi, diventare dipendenti e addormentati? Così come per la tecnologia, lo smartphone, YouTube: siamo noi ad attribuire a queste cose il significato che vogliamo, siamo noi responsabili del ruolo che diamo alle cose. Quel ruolo che attribuiamo dice molto di ciò che abbiamo dentro.

La filosofia mi ha insegnato proprio questo: solo chi avrà apertamente affrontato i demoni che si porta dentro riuscirà a vivere pienamente anche gli strumenti che trova nel mondo là fuori. Ma chi si è reso cieco ai conflitti interiori non potrà che dare un ruolo distorto a tutto ciò con cui entra in contatto.

Ho fatto uno speciale sul *Libro rosso* di Jung, dove questo concetto è espresso molto chiaramente: «Quando un fatto interiore non vien reso cosciente, si produce fuori, come destino. Ossia, quando il singolo rimane indiviso e non diventa cosciente del suo antagonismo interiore, il mondo deve per forza rappresentare quel conflitto e dividersi in due».[16] Ad anestetizzarci non è la sostanza in sé, così come non lo è la tecnologia: noi abbiamo già desiderato che essa ci anestetizzasse perché rifiutiamo l'idea di affrontare l'antagonista che portiamo dentro di noi, perciò lo scrolling, la droga, l'ideologia finiranno tutti per farci addormentare, renderci coglioni.

[16] C.G. Jung, *Il libro rosso. Liber novus*, a cura di Sonu Shamdasani, Bollati Boringhieri, Torino 2012.

Tutto comincia da un atto interiore, l'atto di accettare la parte di sé che non ci piace, con cui dobbiamo fare a botte, con cui nessuno vorrebbe mai avere a che fare. In quella lotta dobbiamo essere tutti d'un pezzo, che non significa fare i duri, ma integrare in noi ogni aspetto che ci compone. Qualche sera fa ho visto *Inside Out 2* e mi è piaciuto tantissimo soprattutto per un'idea che emerge potente nel film: Riley, la protagonista, riesce a superare il muro dell'adolescenza e a iniziare il cammino che la porterà a essere adulta quando tutti i ricordi brutti, rimossi nell'inconscio, tracimano nella sua personalità. C'è questa scena stupenda in cui le palline di vetro che racchiudono i brutti ricordi, i sensi di colpa, le parti inaccettabili di sé, i traumi crollano e scendono a valanga verso il lago dove si trova la personalità della ragazzina e lì, in un fragore di caos e incontrollabilità, Riley diventa tutt'una, perché integra nell'Io quella porzione del Sé che prima era nascosta sotto il tappeto dell'inconscio. Una meravigliosa metafora che ti mostra proprio quello che intendeva Jung.

Una persona che ha avuto il coraggio di compiere quel passo di integrazione, che ha trovato la forza di ascoltare e guardare in faccia l'ombra, non tremerà di fronte a essa ma deciderà di affrontarla dentro di sé, così da evitare che si presenti nel mondo esterno. E quella persona non vivrà alcunché del mondo come anestesia perché il suo risveglio è già compiuto: la tecnologia, le idee e persino le droghe saranno quindi mezzi di ampliamento, non di impoverimento (è qui che dobbiamo inserire il messaggio: «La droga fa male?»).

Una persona che, al contrario, ha deciso di ritirarsi da quel conflitto interiore, che si è spaventata una volta scorta l'ombra e che ha deciso di non affrontare l'antagonista ha già segnato il suo destino di anestesia, pertanto tutto quello che incontrerà nel mondo ne diventerà parte: ogni cosa sarà distrazione, addormentamento, analgesico, fuga. Se di fronte alla parte più reale di te hai deciso di scappare, ogni aspetto della tua vita diventerà una scusa per continuare a farlo.

Secondo me quello che Jung tentava di dire è: abbi il coraggio di affrontare i tuoi mostri prima che si presentino lì, nel mondo di fuori. Perché se non darai attenzione ai tuoi mostri e penserai di poterli addormentare – addormentando te stesso –, quelli usciranno da te e prenderanno le forme impensabili di ciò che ti circonda. Così, il tuo iPhone diventerà un mostro, Netflix diventerà un mostro, le tue relazioni saranno mostruose e, infine, una qualche sostanza anestetizzante ti inietterà dentro nuovi mostri.

Questo, però, a scuola non ce lo dicono. Ci dicono solo che la droga fa male, che TikTok non va usato, che le cattive compagnie non vanno seguite. Ma dei mostri interiori, amico mio, non ci parla più nessuno. Solo che i veri mostri sono proprio quelli.

*

WAD

Ti rispondo mentre fuori suonano sirene della polizia. È molto frequente qui in centro a Milano, mai quanto a New York, ovviamente. Magari però è una strategia di marketing del comune per far sembrare la città più simile alla metropoli americana. O magari un po' di questa tanto esaltata microcriminalità c'è davvero in giro per le strade, e anche quella è una forma di anestesia sociale. Lo Stato non ti considera e tu commetti reati per sopravvivere. È sempre successo nella storia, sin dai tempi degli italiani che si trasferivano a New York a fine Ottocento e che non venivano nemmeno considerati «bianchi». Erano analfabeti che non sapevano pronunciare la parola «Brooklyn», e infatti il quartiere che poi diventerà il simbolo di Notorious B.I.G. *lo chiamavano «broccolino».*

Anyway, *molti esseri umani si anestetizzano per non esprimersi. Non è evasione, è proprio il tasto* mute *del telecomando. Come ti accennavo, sto girando una piccola inchiesta per* Le Iene, *in cui racconto e scopro da vicino il fenomeno dei* «balloons». *Cosa sono? Palloncini che vengono riempiti di gas, nello specifico protossido d'azoto, ancor più nello specifico quello per fare la panna montata (quindi legale in Italia se venduto per scopi alimentari), e vengono inalati da ragazzi e ragazze che vogliono avere piccoli momenti di ilarità. È solo che quei piccoli momenti poi creano l'esigenza di riviverli, al punto che ci sono già i primi casi di decessi o perdita di parti del corpo che vengono «congelate» dal gas.*

La storia del gas è assurda perché l'uomo ci ha sempre giocato, bene o male. Mi ricordo che mia nonna, Angelina, aveva una bombola del gas per alimentare il riscaldamento. Per noi bambini era il nemico da non sfiorare, proprio per i rischi che si correvano. Ma, momento nostalgico a parte, i gas sono la forma di materia più libera che ci sia. E quando si parla di libertà l'uomo sa come avvicinarla, studiarla, e spesso intrappolarsi al suo interno.

Ti faccio un paio di esempi vagamente scientifici.

Nel 1799 il giovane chimico Humphry Davy inalava qualsiasi tipo di gas, cercando la cura per le malattie più gravi del suo tempo, come la tubercolosi. Un giorno provò il protossido di azoto, quello del mio servizio alle Iene, *che lo fece ridere in maniera incontrollabile e lanciò a Londra la moda dei «party esilaranti», ovvero laboratori tra amici e artisti in cui si inalava quel gas. Davy si rese conto che il protossido di azoto aveva anche un altro effetto: rendeva insensibili al dolore. Fu usato poco dopo come anestetico, ancora oggi viene impiegato in realtà, soprattutto dai dentisti.*

Nel 1847 l'ostetrico scozzese James Young Simpson, facendo esperimenti simili, scoprì che inalando cloroformio si cadeva addormentati, e iniziò a usarlo per le donne che dovevano partorire. Poi però scoprì che sbagliando la dose si poteva morire e si tornò al «gas esilarante», cioè il protossido di azoto, che oggi è la seconda droga più diffusa nel Regno Unito.

Un tossicologo, parlando di questo, mi ha confidato che nell'ultimo anno in America è morta quasi il triplo della gente rispetto all'intera guerra del Vietnam – in un solo anno! – perché si tratta, a tutti gli effetti, di una forma pericolosissima di anestesia sociale: gas, sciroppi, antidolorifici usati per scopi ricreativi, antidepressivi per evadere, medicinali usati come droga tipo il Fentanyl e varia altra merda simile.

Quello che mi stupisce di più è perché ricorrere al gas, lo trovo veramente disumano. È umiliante. Non ci arriviamo nemmeno a fare i conti con i mostri interiori, se la tendenza è quella di uccidersi. Se l'intera umanità oggi avesse un unico volto sarebbe triste, con la faccia appesa, allungata, lo sguardo anestetizzato mentre il mondo fuori aspetta la risposta a qualche domanda.

Mi viene in mente la storia del canarino delle miniere, quando i minatori utilizzavano gli uccellini per assicurarsi che non ci fossero eventuali fughe di gas, che era ovviamente destinato a morire.

Solo che noi non siamo più i minatori, ci stiamo trasformando in canarini.

*

RICK DUFER

In realtà siamo molto più scemi dei canarini. Il canarino non penserebbe mai che l'idea di spegnere la sensazione di dolore e disagio sia buona. Noi sì. Anzi, noi ci siamo convinti che il dolore vada sempre anestetizzato, il disagio sempre evitato, e ci siamo circondati di così tante occasioni di evasione, sedazione e zombificazione che ormai non abbiamo più alcuna capacità di interpretare il dolore.

Ho scritto questo concetto in modo chiarissimo nel mio libro *Critica della Ragion demoniaca*:[17] pensare che il dolore vada sempre anestetizzato è una convinzione totalmente distorta e malata. Rifletti bene: se io ora scivolo e mi rompo una caviglia, il dolore che ne consegue non avrà certamente altri significati all'infuori del «sei stato mona, la prossima

[17] R. DuFer, *Critica della Ragion demoniaca*, cit.

volta guarda dove metti i piedi». Anestetizzarlo non mi comporterà alcuna conseguenza negativa. Ma se sento invece un dolore acuto al fianco e decido di prendere subito l'analgesico per mandarlo via sto facendo una grossa cazzata. Quel dolore potrebbe infatti significare molte cose: una calcolosi renale, una stiratura muscolare, ma anche qualcosa di più grave come un tumore. E se io, appena lo avverto, lo anestetizzo, senza chiedermi perché lo sento e senza studiarne magari la causa, sto semplicemente rendendomi cieco a qualcosa che invece dovrei affrontare.

Sembra un esempio stupido, ma è quello che facciamo tutti i giorni con i dolori interiori: se provo un disagio e soffro nel profondo, senza alcun dubbio c'è qualcosa da capire di me. Il dolore dell'animo non va anestetizzato perché è un segnale che ci chiede di agire, di cambiare prospettiva, di mutare lo sguardo, di renderci più svegli e presenti. Certo, se provo dolore perché mio padre è morto o il mio matrimonio è finito, usare anche un po' di «anestesia» potrebbe non farmi male ma, al contrario, aiutarmi a riprendermi. Il disagio interiore, però, spesso non è così: soffriamo perché ci portiamo dentro qualche demone, qualche colpa, qualche trauma o ricordo o desiderio che non abbiamo mai affrontato sul serio. E, invece di anestetizzarlo, dovremmo seguirne le tracce perché sul sentiero di quel dolore c'è sicuramente qualcosa da imparare su noi stessi e su come siamo fatti.

Noi siamo entrati invece in un circolo vizioso dove il dolore è sempre, a priori, una cosa indesiderabile e decidiamo acriticamente di spegnerlo, sedarlo, domarlo. Questo atteggiamento ci rende ciechi a quel che accade dentro di noi e, completamente rincoglioniti da intrattenimento, sostanze e distrazioni, finiamo per soffrire di più perché il nostro disagio interiore, inascoltato, si ingigantisce ogni giorno che passa. Il meccanismo di qualsiasi dipendenza si reitera e si rafforza per la nostra incapacità di fronteggiare il dolore, di seguirne i segnali, di capire dove ci può portare.

Tutti i grandi personaggi che ammiriamo, dagli artisti ai musicisti, dagli scrittori ai filosofi, passando per scienziati e persino statisti, sono diventati tali perché non si sono resi ciechi alle proprie voci interiori. Quelle voci fastidiose che prendono la forma del dolore interiore e ci indicano la strada da seguire per diventare noi stessi: in fin dei conti conoscersi significa accettare tutto quello che ci compone, non solo le cose che ci piacciono o, peggio, che piacciono agli altri. Noi siamo anche rotture, fragilità, fantasmi provenienti da qualche colpa passata, conseguenze di gesti e parole che probabilmente abbiamo dimenticato, e se di fronte al marasma catastrofico che ci portiamo dentro decidiamo sempre di anestetizzarci, be', siamo destinati a crollare sotto il peso della nostra stupidità.

Il canarino, se soffre, cerca un modo per andare alla radice, alla reale causa di quella sofferenza. Magari non ci riesce, ma col cavolo che si mette davanti a Netflix o con un ago di eroina in vena per dimenticarsi di quel dolore. Se l'essere umano soffre e decide di anestetizzarsi, finirà per essere schiavo di quegli strumenti che lo illudono di poter fuggire dal proprio animo.

Dall'animo, però, non si fugge se non togliendosi la vita. Se ci pensi, togliersi la vita a volte è l'ultima risorsa dell'anestesia: se nessun analgesico è riuscito a spegnere questo disagio, allora lascia che io spenga tutte le luci e il dolore se ne andrà. Il vero problema, qui, è pensare che la felicità corrisponda all'assenza di dolore, ma non è così: la vera felicità sta nell'integrare il dolore, capirlo e seguirne i segnali per conoscere davvero me stesso. L'anestesia, invece, è l'esatto opposto di tutto questo.

Dialogo 10
Rivoluzione è parlare con qualcuno

WAD

Se ci fai caso, il nostro cervello è ormai strutturato per rifugiarsi dietro ogni possibile dubbio in risposta a qualsiasi intenzione costruttiva. Perché è tutto così competitivo, fuori e dentro, che non sappiamo più a quale gara stiamo partecipando. Per orientarmi meglio, un allenamento che mi impongo di fare spesso è questo, in tre passi: non pensare agli altri in modo non necessario; non pensare agli altri in modo inutile; non guardare gli altri per giudicare, copiare o competere.

Ed ecco che, in totale buonafede, devo ammettere che è esattamente il contrario di quel-

lo che abbiamo fatto finora: pensare a, parlare di e guardare (anche un po' giudicandola) l'umanità. Abbiamo davvero bisogno di un libretto d'istruzioni, così tanto che abbiamo addirittura dimenticato a cosa serve. È un po' come dire che viviamo nell'era più salutistica della storia e possiamo diventare esperti di quasi ogni malanno nel giro di qualche ora, con un paio di clic online, ma nessuno sa realmente perché non stiamo bene.

Stiamo affogando in quel bicchiere che è sempre pieno meno della metà.

Se si riflette sul mondo in cui viviamo sembra quasi impossibile fare pensieri belli e positivi. La nostra è una società in cui tutti vogliono esserci e pochi vogliono essere. Il sistema politico e sociale ci ha riempito di bisogni e ci ha tolto i sogni. La nostra nazione, l'Italia, è a bordo di un treno culturale ed evolutivo perennemente in ritardo. Che poi, a pensarci bene, c'è un aspetto positivo del «ritardo sociale» che viviamo qui, e cioè che possiamo vedere il trailer di quello che ci succederà tra un tot di anni osservando i Paesi più sviluppati del nostro.

Ora attenzione, però, perché sto per dirti dove si trovano secondo me la positività e l'entusiasmo per colorare questo cazzo di mondo distrutto su cui poggiamo i piedi ogni mattina. Sono dentro quella cassaforte che ognuno di noi ha e che si chiama «intelligenza spirituale». È tutto lì. Te la faccio semplice: l'intelligenza naturale è il pessimismo ereditato dalla storia; l'intelligenza artificiale è l'imparzialità del presente; l'intelligenza spirituale è come i Daft Punk: harder, better, faster, stronger. *Porca puttana, i Daft Punk, loro sì che hanno risposto con positività e arte al loro presente. Continuo a scriverti, ma prima apro Spotify e mi sparo* Veridis Quo*: 5 minuti e 45 secondi strumentali praticamente identici dall'inizio alla fine, il grande spettacolo della impercettibile crescita, pochissime variazioni, pelle d'oca. Titolo latino che però, secondo molti, è un gioco di parole con l'espressione* «very disco». *Ed era* *questo il fascino dei Daft Punk, cioè che non sapevi niente di loro e delle loro intenzioni. Così, diventa tutta una grandissima e affascinante interpretazione personale. Naturale. Umana. Sensibile. Verde chiaro. Barocco. La chiusura dei pezzi che sfumano, e che poi fai ripartire. L'italo-disco. Giorgio Moroder. I vestitini estivi sui collant invernali. La discoball. La carta da parati. I drink solo ghiaccio. La notte che se non la vivi ti manca. Gli sguardi al buio. Il momento in cui passa la luce della festa. Parlarsi a un millimetro di distanza. Sentire l'alito addosso. Non capirsi ma continuare a parlare. La stessa gente, che bella sempre la stessa gente. Milano amore mio. Sì Uber. Fanculo i taxi. Gli stivali eleganti e dentro i calzini dell'Adidas. Mamma vado a fare l'università e torno. E poi non torni. Non è quasi mai tornato nessuno. Era tutta una scusa.*

Mi sono impallato, nemmeno fossi un bot. A pensarci bene potremmo chiedere a ChatGPT come risponderebbe, per esempio, alla domanda a cui hai risposto tu prima e cioè: «Perché gli esseri umani ricorrono alle droghe?». L'ho fatto, ti riporto la sua risposta.

«Gli esseri umani ricorrono alle droghe come viaggiatori smarriti nel vasto paesaggio della propria coscienza, alla ricerca di un rifugio temporaneo dalla complessità dell'esistenza. È come se, a volte, il peso della vita – con le sue domande senza risposta, le sue sofferenze e le sue gioie effimere – fosse troppo denso da sostenere. La droga diventa allora una chiave per aprire porte interiori che, forse, sembravano inaccessibili. Per Jean-Paul Sartre, l'esistenza è caratterizzata da un senso di angoscia e libertà radicale. L'uomo è "condannato a essere libero" e deve scegliere costantemente il proprio destino, ma questa libertà può essere schiacciante. Le droghe possono rappresentare un tentativo di sottrarsi a questa responsabilità esistenziale, cercando un rifugio temporaneo dall'angoscia di dover continuamente definire il proprio senso di sé. Per Michel Foucault l'uso delle droghe potrebbe essere visto come una trasgressione

delle norme sociali e un'esplorazione dei confini del sé. In un sistema di potere che regola i comportamenti, l'uso delle droghe potrebbe rappresentare un tentativo di sovvertire tali controlli, esplorando nuove forme di soggettività. In sintesi, l'uso delle droghe può essere visto come un modo per affrontare l'angoscia esistenziale (Sartre), esplorare l'ebbrezza del caos (Nietzsche), sfuggire all'alienazione (Marx) o trasgredire le norme sociali (Foucault).»

A posto. Non ho altro da aggiungere, Vostro Onore.

*

RICK DUFER

Per risponderti, direi che dovremmo davvero smetterla di sentirci in competizione con gli altri, semplicemente perché è evidente che tutti sono molto più impegnati a giudicare sé stessi che non chi li circonda. Ricordo che, durante l'adolescenza, un pensiero mi attraversò come un fulmine: vivevo con la sensazione di essere sempre sotto i riflettori altrui, ma mi accorsi che in realtà il riflettore era solo e soltanto mio. Non era vero che tutti mi stavano giudicando, non era il loro riflettore, perché ognuno punta il riflettore quasi solo su di sé: siamo tutti impegnati a sembrare meglio di come siamo, convinti di trovarci in un perenne colloquio di lavoro, in un'eterna sfilata di bruttezza, in un ininterrotto red carpet dove i fotografi sono sempre pronti a massacrarci. La cosa peggiore di cui mi sono accorto, osservando me stesso e gli altri, è che sprechiamo tantissimo tempo nel tentare di corrispondere alle aspettative altrui, ma in realtà gli altri hanno sempre pochissime aspettative e attenzioni nei nostri confronti. Forse è un modo per sentirci più importanti: vogliamo pensare che chi ci circonda ci osserva sempre, perché così arginiamo la sensazione di essere completamente da soli. E invece ci roviniamo la vita peggio di quanto farebbe la solitudine.

Tutto ciò mi porta a una parola che nella storia della filosofia è stata importantissima, anche se espressa con diversi sinonimi: «fottersene». In fin dei conti devi fottertene del giudizio altrui, di ciò che gli altri pensano di te, delle aspettative che ti piovono addosso, e fare ciò che hai in cuor tuo. Le aspettative altrui sono come qualsiasi altra droga o sostanza anestetica che abbiamo citato: se dai attenzione a ciò che pensi gli altri vogliano da te, continuerai a fingere di essere quello che non sei, dipenderai dall'idea che hanno di te, non avrai mai il coraggio di affrontare quei demoni interiori che invece ti chiedono di vivere la tua vita e non quella altrui. Ma oggigiorno non ci riusciamo, siamo intrisi della necessità di piacere a tutti, di essere amici di tutti, di avere il consenso di tutti, e per farlo dobbiamo mascherarci di più, fingere di più, mentire di più.

Mi viene in mente Epitteto: «A offendere, ricordalo, non è chi insulta o percuote, ma il giudizio che queste azioni siano offensive. Perciò, quando uno ti irrita, sappi che è la tua opinione che ti ha irritato».[18] Provo a girare questa citazione: «A adularti, ricordalo, non è chi ti elogia o idolatra, ma il giudizio che queste azioni siano adulanti. Perciò, quando qualcuno ti adula, sappi che è la tua opinione che ti ha adulato». Per dirla in maniera più lineare, quando dai troppa importanza a quello che gli altri pensano di te, sia in senso negativo sia in quello positivo, stai in realtà proiettando su di loro qualcosa che è già in te, e dovresti esserne consapevole per prendere un po' il controllo delle tue reazioni. L'opinione che gli altri hanno di te non dovrebbe toccarti nel profondo, che sia buona o cattiva: le persone avranno una vaga idea di quello che sei, ma solo tu puoi davvero capirlo. Se dai loro troppa importanza, penserai di essere ciò che loro vogliono, non ciò che sei.

Penso a quegli artisti che sono idolatrati

[18] Citazione 20 da Epitteto, *Manuale*, nella traduzione di Enrico V. Maltese e di Pierre Hadot, Einaudi, Torino 2006.

ma in cuor loro non sono soddisfatti della loro opera o della loro vita. Gotye, per esempio, il cantante di *Somebody That I Used to Know*, ricordi? Nel 2011 divenne una hit incredibile. Lui ha dichiarato di non aver mai voluto diventare famoso, di vivere la fama in modo molto negativo, ed è quasi sparito dalle scene nonostante il pubblico lo acclamasse enormemente. Eminem, con la sua reputazione da duro dei bassifondi di Detroit, alla fine è stato schiacciato per un decennio dalla propria fama, che lo ha portato a dipendenze terribili. Gli esempi nella musica, nell'arte e nel cinema si sprecano e ci ricordano che la fama è il frutto avvelenato dell'opinione altrui, ma tutto inizia da lì: voler piacere a chiunque, non voler avere *haters*, non voler essere considerato normale, banale, e via dicendo.

I Daft Punk che mi citi («*My name is Giovanni Giorgio but everybody calls me Giorgio*»), e che amo moltissimo, sono l'esempio contrario e virtuoso. Hanno fatto una musica inaspettata, che non si basava mai su ciò che il pubblico voleva, e che era sempre volta a sovvertire le aspettative. Loro sì che non hanno mai dato all'opinione altrui quell'importanza che ne avrebbe distorto inesorabilmente l'opera: l'essenziale è dire ciò che pensi, fare ciò che vuoi, in modo competente, con il tuo talento e andando nella direzione che desideri. Anche al costo di non piacere.

Ecco, e qui concludo, nel cinema è appena apparsa una stella proprio in quel senso: *Megalopolis* di Francis Ford Coppola è un film che dice ciò che l'autore vuole dire, e si prende la responsabilità di non piacere, di irritare, di perdere al botteghino. Un atto coraggioso, prezioso proprio perché non cerca l'approvazione, non si accomoda sulle aspettative del pubblico, va nella direzione che l'animo dell'artista indica. Ho visto questo film come una liberazione proprio perché non mi è piaciuto, ma l'arte non ha a che fare con il «mi piace» o il «non mi piace», anche se Mark Zuckerberg ha fatto di tutto per farcelo credere.

L'arte trova valore anche laddove non piace, anzi, a maggior ragione se non piace. L'arte deve creare uno scarto rispetto all'aspettativa, al consenso, al gusto imperante, perché deve dare un afflato di novità. Altrimenti non è mica arte, è marketing.

Spinoza diceva che la libertà sta nel «pensare ciò che si vuole e nel dire ciò che si pensa», e io sposo appieno questa idea, così come lo fanno i Daft Punk e Coppola. Comprendi la tua volontà, ovvero ciò che il tuo animo vuole, la direzione che desidera intraprendere; poi pensalo a fondo, ponderalo, sentilo veramente tuo; infine dillo, senza paura, sapendo di essere nel giusto fintantoché dirai in modo onesto quel che ti passa nel cuore e nella testa. E se ciò che dirai non piace, bene, avrai rotto le aspettative e immesso un po' di novità nel mondo. E tutti ne beneficeranno domani, anche se oggi si stracciano le vesti.

*

WAD

Qualche giorno fa sono stato invitato a parlare a un evento di moda qui a Milano. Si erano riunite tutte le scuole che studiano l'arte di creare vestiti e di come commercializzarli, e quello che mi ha lasciato abbastanza senza parole nel briefing che ha preceduto l'evento sono state frasi tipo: «I giovani hanno sempre gli occhi sul cellulare, bla bla bla bla, nemmeno le foto che fanno hanno più un valore, le fanno ma non le guardano, mentre un tempo si facevano e si stampavano, bla bla bla bla, dovremmo fargli capire come tenere gli occhi veramente aperti, bla bla bla bla».

Per me è stata solo l'ennesima occasione in cui un sistema guarda dall'alto verso il basso un qualsiasi pubblico e con parole più o meno colorite dichiara che la gente non capisce un cazzo, mai. Funziona ovunque così, si abbassa il livello di qualsiasi tipo di contenuto perché tanto le persone non capiscono, quindi meglio tenerci bassi sulla qualità.

In sostanza, se la gente non capisce niente, evviva la gente.

Credo che sia una distorsione di questa epoca in cui tutti sembrano capire tutto, un'era geologica in cui l'arte si è completamente svuotata di senso e, come dici giustamente tu, nella migliore delle ipotesi la ritroviamo sotto forma di buon marketing.

Una volta Jovanotti mi ha detto: «Io amo anche l'arte brutta, perché a volte un quadro buio o spaventoso o disegnato male ti dona una reazione. E quella reazione è l'arte». Se crea una reazione è arte. Se invece accompagna con fare imparziale e anonimo i visitatori di un museo, o gli ascoltatori di un disco, o chi segue la radio, la tv, YouTube, allora non è arte. È, per non dire parole brutte, una coccola. Cioè è una merda.

È come quelli che rimbalzano appuntamenti dicendo: «Non ho tempo». È impossibile. In realtà stai dicendo che non vuoi, o che hai altre priorità, ma ti nascondi utilizzando quella frase come una scusa, come una giustificazione. Il rapporto con il tempo è una posizione mentale. Lo stress accorcia il tempo come l'ansia che lo allunga. Quando sento dire: «Vabbè, tanto la gente non capisce un cazzo», io mi sento la gente, e mi sale la rivoluzione. Anche perché ho googlato e a quanto pare per fare una rivoluzione occorre solamente il 3,5 per cento della popolazione. Questo 3,5 per cento, però, deve essere completamente dedicato alla causa. In Italia il 3,5 per cento equivale a 2.126.681 persone.

Se questo libro vendesse 2.126.681 copie potrebbe partire una qualche rivoluzione. Certo, sono tante, e tutti dicono che i libri non vendono più, che internet ha cannibalizzato anche le vendite editoriali, dicono tutti che… la gente non capisce un cazzo. Appunto.

Ho letto di David Ogilvy, uno dei più famosi pubblicitari inglesi, uno che è cresciuto nella casa che una volta era appartenuta a Lewis Carroll, l'autore di Alice nel Paese delle Meraviglie. *David Ogilvy ha vissuto il Novecento, non ha mai visto il nuovo millennio, ha lavorato nella pubblicità anche se a un certo punto ha abbandonato tutto per comprare una fattoria amish e mettersi a fare l'agricoltore. Cosa diceva su questo tema della «gente che non capisce un cazzo», e che quindi, evidentemente, è sempre esistita questa «gente che non capisce un cazzo»? Diceva: «Il consumatore non è uno stupido, il consumatore è tua moglie».*

La verità che scopro ciclicamente, e altrettanto ciclicamente dimentico, è che tutto quello di cui abbiamo discusso finora è sempre stato «un tema» nella società. Facciamo un quiz: ti riporto qui una lettera di Bill Bernbach ai suoi colleghi. Bernbach è l'uomo che ha teorizzato la «seconda rivoluzione creativa». Non ti dico l'anno, prova a indovinarlo. La lettera è questa:

> Sono preoccupato dal fatto che stiamo cadendo nella trappola della grandiosità, che stiamo cominciando a adorare le tecniche e non i contenuti, che stiamo per seguire la storia invece di farla, che stiamo per annegare nella superficialità invece che essere sorretti da solidi principi. Sono preoccupato che cominci la sclerosi delle arterie creative.[19]

[19] Lettera di Bill Bernbach ai suoi superiori della Grey Advertising, 15 maggio 1947, da *More Letters of Note: Correspondence Deserving of a Wider Audience*, Canongate Books, Edinburgh 2017 (TdR).

Questa lettera è stata scritta:

a) nel 2004
b) nel 1983
c) nel 1947

La risposta è ovviamente la C, nel periodo post-bellico. L'argomento era lo stesso nostro: «Seguire la storia invece di farla». Ora, noi non siamo soldati, non abbiamo appena finito di combattere una guerra, per quanto ce ne siano diverse in corso, eppure non riusciamo a farci piacere la contemporaneità. Il presente. L'evoluzione. Abbiamo tutti, chi più chi meno, una incontrollabile elettricità che esplode quando il mondo non si prende cura di noi. Di noi che dovremmo prenderci cura di lui. Ed è questo, forse, il primo dialogo che non funziona: noi non diciamo niente alla Terra e la Terra non ci dice quello che vorremmo sentirci dire.

Vuoi una potenziale frase che descrive perfettamente quello che stiamo vivendo? Ce l'ho. Per evitare di vedermela ingoiata dalla mia in-

stabile memoria, eccola: «Nessuno parla a nessuno. Ma tutti parlano».

*

RICK DUFER

Potremmo farla suonare ancora più impersonale: «Parole di nessuno a nessuno». E trovo ci rappresenti, dopotutto siamo due influencer del cazzo, io e te, mi piace. E mi piace ancora di più il fatto che leggendo questo tuo ultimo messaggio mi risuona un evento accaduto di recente. Ero in una città del Sud, a un convegno meraviglioso in compagnia di tante belle teste italiane, per parlare di intelligenza artificiale, coscienza e filosofia davanti a più di mille studenti. Il convegno doveva svolgersi così: prima gli *speech* di noi ospiti, poi un dibattito tra noi ospiti e dopo un Q&A con la risposta ad alcune domande inviate dagli studenti. Tutto fila liscio, la gente è estasiata e ispirata, ma quando arriva il momento degli studenti, dopo appena due domande tutto viene interrotto. E sai perché? Il sindaco della città sale sul palco per consegnare un'onorificenza a uno degli ospiti, fa un discorso di venticinque minuti, discorso senza alcun vero contenuto, come ci si aspetta da un politico, pura retorica vuota, e delle domande si dimenticano tutti. Le altre non vengono lette, e l'evento termina in uno scroscio di applausi. Proprio il modo in cui finisce il mondo, dicono alcuni.

Questo è emblematico di quello che dicevi: noi non ascoltiamo più nessuno, se non il nostro monologo che, di solito, è un vaniloquio. Ho pure protestato con gli organizzatori: «Così i ragazzi si sentono davvero esclusi» ho detto, «si sentono solo spettatori e non attori, ed è il modo perfetto per perderli. Quel che si porteranno a casa sarà l'idea che ci sono persone degne di parlare e altre, come loro, che devono solo applaudire e annuire». Devo ammetterlo, è una cosa che mi ha fatto stare davvero male e, alla fine dell'evento, ho detto ai ragazzi che sono venuti a salutarmi e che si sono lamentati delle mancate domande lette che per la prossima volta avrebbero dovuto intonare una protesta, RI-SPO-STE, RI-SPO-STE, soverchiando gli applausi.

Ormai la vita è tutta così: diamo spazio a un sacco di discorsi vuoti e retorici, discorsi che nulla hanno a che vedere con l'animo, la passione, l'ispirazione, e chiudiamo le occasioni di interscambio, le porte di ascolto, i canali di vera comunicazione. Fai un evento per i ragazzi ma poi non fai parlare i ragazzi, meglio invece un sindaco che dice cose vuote per riempire lo spazio che poteva essere tutt'altro che vuoto. Ma è solo un esempio, questo, assisto a situazioni simili molto spesso (e protesto, infatti, e poi non mi chiamano più).

Gli altri sono sempre «i consumatori». «La gente.» Gli altri sono sempre l'idiota, l'analfabeta funzionale, il complottista, l'ignorante. Ma in realtà questo accade perché non voglio accorgermi di essere tutte queste cose: io sono il consumatore, la gente, l'idiota, l'ignorante eccetera. Il modo per rendermi cieco a questa consapevolezza è chiudere tutte le occasioni di confronto, dialogo, dubbio, interscambio. Non vogliamo sentire le domande, vogliamo la retorica che mantiene l'illusione di essere quelli giusti.

Ecco la distrazione universale, il motivo per cui ci chiudiamo tutti nei reel, nello scrolling e su TikTok: il discorso del sindaco che riempie il vuoto con la retorica istituzionale è distraente proprio come lo scrolling sui social, e la sua funzione è impedirci di sentire le domande che insinuano dubbi, che ci ricordano la nostra ignoranza, la necessità di ascoltare, di progredire nell'animo prima che nei follower. Siamo così intasati di retorica, soliloqui e distrazioni che non abbiamo più la capacità di seguire quella vocina interiore che ci ricorda quanto sia fondamentale, per sopravvivere, riabituarci all'ascolto. L'ascolto delle domande altrui che ci fanno tornare alla mente la necessità di rimetterci alla ricerca della verità, invece di illuderci di averla trovata; l'ascolto delle vocine interiori che ci impongono di migliorarci, di incuriosirci, di non cadere nell'illusione di essere perfetti, forti, inarrivabili e meravigliosi. No, siamo mona, come diciamo in Veneto: fragili, scemi, impauriti e massimamente ignoranti. Ed è ripartendo da lì che possiamo fare l'unica rivoluzione possibile, quella del dubbio.

La bellissima citazione che mi hai proposto poteva essere del 2024, ma anche del 2024 a.C. I filosofi, infatti, fin dall'antichità, ribadiscono che l'essere umano è reso imbecille dalla sua incapacità di porre i dubbi e di saper ascoltare le domande. In realtà, siamo da sempre impregnati di retorica e distrazione, solo che in quest'epoca abbiamo trovato il modo di chiudere qualsiasi cosa agli spazi di dubbio e riflessione: in ogni momento c'è qualcosa con cui riempire il vuoto e il silenzio, e questo ci fotte tutti. Nel soliloquio che ne consegue, puoi raccontare a te stesso ogni balla confortevole: che sei meglio degli altri, che sei figo e intelligente, che sei più forte, moralmente superiore, che sei la tua versione più bella e ammirevole, che non hai bisogno degli altri, delle loro domande, dei fastidi che comportano, e che solitario sulla montagna sei il saggio, il potente, il dio. Insomma, nel soliloquio retorico che uccide i silenzi puoi convincerti di qualsiasi cosa per non guardare la realtà. E la realtà, mio caro WAD, è che siamo tutti dei mona. Drammaticamente e irrimediabilmente mona.

Se solo avessimo il coraggio di ascoltare davvero il mondo e gli altri, ci accorgeremmo che questo non ci sminuisce, anzi. Omero era mona e ha scritto l'*Iliade* proprio per quel motivo. Dante era mona e la *Divina Commedia* è il suo tentativo di capire la propria natura mona. Einstein, Newton, Kant, Nietzsche, David Bowie, Lady Gaga, Margaret Atwood, tutti loro sono mona che hanno creato la propria arte, scienza e conoscenza in virtù e non nonostante il loro essere mona. Nessuno crea un'opera artistica eterna, una grande opera letteraria, un classico, senza il coraggio di sentire la propria natura piccola, ignorante, eccentrica, imbarazzante, limitata, mortale, cattiva, paurosa, meschina. L'arte nasce proprio dall'ascolto, di sé e del mondo, o meglio: l'ascolto di sé attraverso l'ascolto del mondo. Non si crea arte senza lasciare che il mondo ti ponga le domande, domande che ti sorprenderanno e romperanno le tue aspettative, domande che ti faranno dire «Non ne so abbastanza», «Devo ancora cercare», «Potrei non farcela». Non si crea arte senza la profonda consapevolezza di essere mona.

PS: ti voglio bene, mona.

*

WAD

Poco tempo fa ho rivisto Londra e sono entrato per dieci minuti in una nuova religione: i quaccheri. Sono diventato un quaquaraquacchero. Si tratta di un lavoro di sottrazione, togli tutto e rimani in silenzio, e siamo a posto così. Per la mia visione iconoclasta della società quei dieci minuti in una grande stanza al 52 di St Martins Lane sono stati molto piacevoli.

Qualche giorno prima avevo vissuto, e non era la prima volta, un episodio simile al tuo. Te lo racconto senza che mi girino i coglioni, o almeno ci provo. Un mio amico di sempre, con il quale ho fatto Scienze politiche, oggi è in un certo senso nella politica mentre io gioco a fare le rivoluzioni, che poi sempre politica sono, se ci pensi. Lui mi aveva invitato a parlare a un evento in cui erano presenti anche dei politici. L'obiettivo? Elogiare la mia regione, la Puglia. Puoi immaginarmi, provocatorio come una merda. Ho esordito dicendo che l'unico supporto che sentivo di aver ricevuto dalla mia regione era l'aeroporto, che mi ha permesso di andarmene a fare quello che faccio altrove. Boom. *Vaffanculo. Alla seconda domanda che mi fanno il politico è intervenuto, con fare da anziano scocciato dalla vita e con l'alito brutto, dicendo che purtroppo doveva scappare, e ha chiuso l'incontro pensando di dire la frase più intelligente e motivazionale per le nuove generazioni, con l'aria di Berlinguer o di un vero eroe della politica del passato: «E, mi raccomando: non fidatevi dei politici!».*

Abbiamo riso tutti, alcuni dentro, io anche fuori.

Perché l'unica cosa che ho pensato è stata: ma chi minchia si fida dei politici? Ma dove vive questo? Come può, un politico, pensare che qualcuno oggi si fidi di lui? Ho una forte intolleranza verso questa categoria, quindi lascio stare. Voglio essere positivo, anche perché sono convinto che ogni nostro atteggiamento crei un'atmosfera, le famose vibes *di cui ho già parlato. E quindi lasciamo che l'atmosfera si colori di buono. Di sexy. Come quando in call con Dua Lipa le ho detto: «Sei perfetta». Questo è sexy.*

Un bel sorriso è sexy.

L'amicizia è sexy.

Un bravo editore è sexy.

Ma è difficile creare l'atmosfera giusta. E soprattutto è difficile essere umani per noi esse-

ri umani di oggi. Avremmo bisogno di un libro dal titolo Libretto di istruzioni per essere umani. *Quindi fanculo anche gli umani, soprattutto quelli che fanno gli adulti. Non capisco perché dopo i trent'anni si debba far finta di essere adulti. Non capisco perché a un certo punto si cade nella trappola di dire: «Sono stanco» almeno dieci volte al giorno, altrimenti non sei una persona. Non capisco perché se non va il personaggio si cambia la persona. Non capisco perché essere adulti sia per molti sinonimo di essere stronzi. Non capisco perché i fatti diminuiscano e aumentino i ragionamenti sui fatti. Non capisco perché non si possa essere adulti a forma di ventenni.*

Non capisco se hai capito.

Non capisco se qualcuno mi capisce.

Non capisco un cazzo.

Non mi capisco.

Ma mi parlo molto.

A volte troppo.

Sempre meglio del mondo fuori, ovviamente.

Quello sì che lo capiscono tutti.

E sai perché?

Perché nessuno parla a nessuno. Ma tutti parlano.

*

RICK DUFER

In fin dei conti, se ci pensi bene, il politico è uno dei tanti risultati di quel che siamo. Oggigiorno siamo pigri, distratti, poco propensi a dare merito al merito, sempre sarcastici, cinici, poco informati: come vuoi che sia il risultato, se non una classe politica pigra, immeritevole, distratta, incompetente, cinica eccetera? Sul tema dei politici io sono più cauto: biasimo noi stessi per i politici che abbiamo, ce li meritiamo tutti e dovremmo seriamente fare un po' di autocritica.

Ma l'autocritica, amico mio, è un materiale ormai rarissimo. Necessita di attenzione, e noi l'attenzione la diamo a Netflix e TikTok. Necessita di coraggio, di cultura, ma la cultura preferiamo metterla su Instagram, con la foto di una libreria di libri mai letti. Io ormai mi sento un Don Chisciotte, da anni: parlo tanto di autocritica, cerco di essere autocritico anche in pubblico, ma la gente ascolta i megafoni, i tracotanti, gli squilibrati che vogliono solo consenso, consenso e consenso. Come vuoi che sia un politico, in epoche come questa? Il politico è Donald Trump, che ha appena[20] vinto le presidenziali giocando su sentimenti bassi e disinformazione. Il politico è Matteo Salvini, con le sue spaghettate e gli slogan sui borghi più belli d'Italia. Dall'altra parte il politico è Elly Schlein, che incarna il borghese progressista la cui unica idea è sembrare più buono, più pulito e più immacolato di tutti gli altri, in armocromia, ovviamente. Il politico è Kamala Harris, che non riesce a rispondere neanche a mezza domanda sull'immigrazione e l'economia, ma si lancia in lunghissime disquisizioni quando si parla di diritti e inclusività.

[20] La stesura del libro è terminata a inizio novembre 2024 (NdR).

I politici sono l'emblema delle nostre mancanze: se per la gente tutto è bianco o nero, i politici saranno tutti bianchi o tutti neri, tutti cattivi o tutti buoni, tutti terribili o tutti santi. E, guarda caso, sono sempre santi e piacevolissimi quelli che la pensano come me, mentre cattivi e terribili quelli che la pensano diversamente da me. Si perdono le sfumature e il politico diventa esattamente quello che siamo noi: solo chiacchiere, tutte chiacchiere, nient'altro che chiacchiere. Si tratta di una cosa triste, ma per cambiarla dobbiamo cambiare noi stessi.

L'autocritica è sexy. Saper cambiare idea è sexy. Imparare che il mondo è più grande e complesso delle mie convinzioni è sexy. Per questo l'arte è molto sexy: ci insegna che c'è sempre uno sguardo alternativo. Ma oggi sussiste un problema, che mi pare la sottotraccia poco sexy di tutto quello di cui abbiamo discusso: ognuno di noi pensa di essere le proprie idee. E perciò nessuno più fa autocritica, nessuno più cambia idea, nessuno impara più nulla del mondo. Ce ne stiamo tutti rintanati nelle nostre convinzioni mentali e viviamo come un sopruso ogni momento in cui qualcuno o qualcosa ci suggerisce che forse dovremmo ampliare un po' l'orizzonte; questo accade in ogni ambiente, ogni parte, ogni gruppo sociale. Ecco perché l'arte, il cinema, la musica sono in crisi nera: come si fa a fare arte, vera arte, quando nessuno è più disposto ad allargare il proprio orizzonte?

Credo che si tratti di una vera e propria crisi esistenziale. A volte la chiamano polarizzazione, la tendenza a estremizzare qualsiasi cosa. Ma se tutti sono polarizzati è proprio perché tutti pensano di incarnare le proprie idee, pensano che la loro identità ed esistenza dipendano dalle convinzioni che portano avanti. Questa è una crisi esistenziale, che è possibile solo quando l'essere umano si dimentica che l'individuo non è le proprie idee. Io non sono quel che penso, io sono l'atto di pensare; io non sono ciò di cui mi sono convinto, io sono la libertà di potermi convincere, di poter riflettere, di poter cambiare idea. Io non sono la mia religione, la mia posizione politica, non sono la squadra per cui tifo. Io sono il soggetto e il pensiero intorno alle religioni, alla politica, alle squadre. Ma per pensare questo ci vuole quella cosa sexy che è l'autocritica, la quale ti insegna che l'intelligenza sta proprio nel saper guardare con un minimo di distacco le proprie idee: ho questa religione, ma un giorno potrei convertirmi; la penso così su questo argomento politico, ma potrei accorgermi di star sbagliando se incontro qualcuno che me lo argomenta bene.

La crisi esistenziale che viviamo, invece, ci porta a pensare tutto l'opposto. Se io la penso così e tu mi contraddici è come se stessi mettendo a repentaglio la mia esistenza. Se ho una convinzione e qualcosa mi fa sospettare di essere in errore, vivrò questo come un pericolo mortale. E quindi, qualsiasi dibattito, qualsiasi interscambio, qualsiasi contraddittorio diventerà una minaccia esistenziale da sopprimere. Ed ecco qua, servito su un piatto d'argento, il fascismo psicologico del nostro tempo da cui siamo tutti, purtroppo, contagiati, chi più chi meno.

Insomma, l'autocritica è molto più sexy di tutto questo. E, in fin dei conti, per innescarla serve un sano interscambio con il mondo, un dialogo vero, un dibattito a menti aperte. Invece noi siamo immersi in un soliloquio con lo schermo dei cellulari: non c'è alcun dialogo con il cellulare, non c'è interscambio, c'è solo trasmissione. E in quella trasmissione tutti si convincono di essere il vuoto di cui si cibano quotidianamente.

Tu e io, invece, abbiamo intrattenuto un dialogo. Non ho davvero idea di chi possa ascoltarlo, leggerlo e, perché no, apprezzarlo. Magari verranno a cercarci per tirarci addosso queste pagine. Magari saranno più dannose di dodici ore filate su TikTok. Ma a me importa poco, perché abbiamo intrattenuto un dialogo, che è il cuore dell'autocritica, ed è tutto molto sexy.

Credo che sia vero: nessuno parla a nessuno, ma non in queste pagine. Io qui ho parlato con qualcuno, e la cosa ha allargato un po' il mio orizzonte. E di questo ti ringrazio.

Speriamo che altri tornino a parlare, stavolta a qualcuno.

Indice dei nomi

K

L

M

N